发现闵行之美·闵行区政协文史丛书
故土之韵 辑

寻乡记

吴玉林 主编

上海书店出版社
SHANGHAI BOOKSTORE PUBLISHING HOUSE

"发现闵行之美" 闵行区政协文史丛书编辑委员会

主　任　　祝学军
副主任　　潘金平　王一力　汪小帆　王　敏　沈永铭　谈为民　韩朝阳
委　员　　邢红光　郑　毅　朱　奕　孙雪春　方加亮　顾建平　宋爱民
　　　　　李啸瑜　程　佳　陶兴炜　巫　岭

《故土之韵辑·寻乡记》编辑委员会

主　任　　朱　奕
副主任　　郁　青
委　员　　李　晶　顾　红　王海滨　朱志荣　吴玉林
主　编　　吴玉林

总　序

祝学军

习近平总书记指出,"文化自信是一个国家、一个民族发展中更基本、更深沉、更持久的力量。"

闵行区承上海县700年历史文脉,更有史前"马桥文化"5000年之历史渊源和深厚积淀,其前身上海县的立县历史可追溯到元代至元二十九年(1292),是上海"建置之本",人们口中的"先有上海县再有上海市"并非妄语。明清时期的上海县交通便捷、经济发达,受松江府城的近距离辐射,经济、文化、城镇发展均优于其他地区;在近代城市化进程中,既没有彻底洋化,也没有固守不变,从而成为农耕文化、商贸文化与近代海派文化的相生、相融之地,独具地域文化特色。

改革开放以来,闵行区经济社会发展成就显著,经济总量、财政收入、居民生活水平、城市化进程、公共服务等诸多指标均位列上海各区前茅,闵行经济技术开发区、紫竹高新区、莘庄工业区引领经济发展。所以，闵行是上海的工业基地、科创新区，也是当之无愧的经济强区。同时，闵行集聚了上海交大、华东师大、航天八院、中国商飞等众多高校科研机构，各文化艺术门类、文化艺术团队及文化名人遍布全区各地，是上海的人文高地和名副其实的文化大区。

闵行区的前世今生，堪称海派文化的发祥之地。闵行区政协牢记肩负的文化使命，若干年之前，区政协文体委就组织开展了闵行文化资源的调查，据当时调查报告所示，作为闵行区文化资源重要组成部分的地方历史文献，未能及时系统整理出版，为此提出了相关建议。2017年，区六届政协工作开局之初，就着手筹划闵行文史资料的编撰出版工作，由学习和文史委员会负责编制本届政协文史资料编撰出版工作规划，定名为"发现闵行之美"系列丛书，秉承"以人存书""以书存史""以史为鉴"的原则，计划每年编撰出版一辑5册，共五辑25册，分五年完成。从"民艺乡俗""岁月有痕""老巷陈香""故土之韵""百舸争流"五个方面，集结闵行历史文化之精粹，以飨众多闵行和上海读者。

编撰过程中，也碰到了很多困难，但有幸于闵行丰厚的历史和历代先贤留下的文化瑰宝，让我们充满底气；政协委员和社会各界的鼓励和支持使我们信心倍增。热切期盼得到社会各界持续关注、支持和热心指导。

让我们共同努力，传承好闵行灿烂的历史文化，谱写好未来的美好乐章！

目 录

总序

城里厢，乡下头（代序）

第一部分 故土离歌

3　再见，李家宅

11　流水席里的人情世故

19　乡村影视生活全记录

26　剑川路的前世今生

32　学普通话趣事

37　亲历种田人的改革点滴

41　柴米油盐话"灶头"

46　塘湾村校往事

50　七朵金花

54　我的播音生涯

第二部分 农事琐忆

59　忙碌在田间地头

68	罱河泥
71	战风车
76	大暑过后是立秋
82	年年岁岁花相似
91	怀念稻柴
94	有一种叫棉花的"花"
99	田野里的牛
106	秋雨乡情
109	农田灌溉忆"三车"
114	冬季农耕话"两泥"

第三部分　陌上花开

121	曾经少年灶头画
125	老布
130	弹棉花
134	家门前那条小河浜
140	樱桃河畔
146	乡下婚俗

152　车嫁妆

155　油灯

158　远处响起悠扬的渔歌

165　放学回家做皮影

168　滚铁环

171　那时候这样避暑

174　莘庄的桥

176　乡间冬日即景

180　茶馆漫忆

第四部分　野灶炊烟

185　"菽水承欢"的马桥豆腐干

188　美味不过是蟛蜞

191　小辰光做"考"

195　桶蒸糕香

201　野菜

205　猪肉吃勿着

209　落苏里的肉味

213　春臼声声里

216　农家的饭瓜

218　记忆的年味印糕

220　沙冈摸蟹

222　带着饭菜去上学

226　鱼有聪明时

230　村口有爿"小三店"

附录

235　渐行渐远的老地名

254　在闵行，乡村正兴

284　美丽乡村的"面子"和"里子"

城里厢，乡下头

代序

乡下的生活真的有那么让人留恋吗？我不敢说。但我承认我有乡土情结，尤其是生活在城里久了，这份情结变得越加浓烈，野蛮生长。

我从小生活在农村，后来成了家有了孩子后，和很多家长一样，为子女的将来着想便搬到了城里。现在的家一住也有十来年了。

这里原来是北桥的地界，没造商品房之前是农田和宅基地。刚搬进来的第一天，入夜，躺在床上，一切很安静，朦朦胧胧中竟然听到了阵阵蛙鸣声，突然兴奋得难以入眠，并不是蛙鸣扰了清觉，而是那种感觉仿佛让我回到了乡下的日子，熟悉、亲切而自然。

我披衣出了卧室，站在阳台，暗夜中看繁星点点，呼吸着那份微带泥土湿润和清香的气息，想起了那个生我养我的老家，那个位于黄浦江畔，叫吴家里的地方。

我的家南临黄浦江，那时江上拖轮很多，汽笛声声，而我们一大帮小屁孩常会站在岸边对着江轮欢叫；往西走十几里地就是松江了，极目远眺，影影绰绰可见黄浦江上的第一座大桥——松浦大桥，那绝对称得上是我们少年时代的"旅游景点"；20世纪80年代，土地承包到户，我家也有了良田数亩，紧挨着江边，我常被姐姐叫着到田头帮忙，累了就靠在岸边的大树下休息。家里的房子是常见的平房，也算是白墙黛瓦吧，三间半"九路头"，客堂间是同堂叔家合的，所以只是半间。屋后是自留地，种上了时蔬瓜果，还有一小片茂密的竹林，每到春季，竹笋便疯长开了，趁嫩时挖了吃，过了节气，老了，便任由它长了，来年又是一支支小竹子了。还有一棵棕榈树，非常茂盛，我至今不明白，这种热带植物怎么在江南的土壤里也会生长得如此生机勃勃。

　　一个个自然村落被一片片农田连着，一年四季，目之所及要么是绿的，要么是黄的。绿的是水稻、小麦，黄的是金灿灿的油菜花。近几年，对江的奉贤搞了菜花节，引得城里人趋之若鹜，赶去品味"农家乐"，想想也是有趣得很，那时我们绝对想不到这也会成为旅游经济的。

　　我家的东边有条小河浜，是条自然河道，南北走向，直通黄浦江。它蜿蜒穿过整个村宅，清澈见底，最早时洗衣淘米都在这条河里，河里有野生鲫鱼，少年时代，我还经常同小伙伴们一起筑坝"拷河浜"、捉鱼、摸蟹和河蚌，混得一身泥却不亦乐乎。也常见村上的一些大人穿着黑黝黝的"皮水靠"下河摸鱼。

　　那时的乡下真是广阔天地，如此田野风光，怎能让人忘怀？

其实许多事情是相对的，也是矛盾的，更是阶段性的。

住在乡下时，羡慕着城里的生活，而城里厢的人则感叹着田野风光的美不胜收。

城里厢毕竟交通便捷、生活便利，就算是蜗居，却也有着洋洋得意的本钱。20世纪90年代初，我刚大学毕业时，上海滩还流行着这么一句话，"宁要浦西一张床，不要浦东一间房。"市区人仿佛高人一等，称呼我们往往是满口的"乡下人"，眼神中有一种轻漫甚至鄙视，就是坐公共汽车，听到你一口乡下腔，便不自觉地皱起了眉头，脸上露着不屑。所以我们这一代甚至上一代总是觉得做城里人真好，哪怕就算挤在老城厢那种鸽子笼、假三层里，也没来由地有种优越感。那时乡下的孩子脱离"脸朝黄土背朝天"的办法，基本是通过考中专、考大学，这样户口转了，身份也变了，变成了城里厢的人了。而且上了学进了城，又忙不迭地学起"上海话"，想着法子改变家乡口音。现在想来，真不知道为什么如此底气不足，如此自卑，这种感觉犹如前些年外省市的人到上海来打工一样，戚戚然不知所以然。

三十年河东三十年河西。如今却是城里厢羡煞乡下人来了。近几年掀起的"农家乐"便是一个明证，郊游竟然成了白领们的时尚。问城里的朋友为什么，一致曰，乡下空气好、环境好、绿色环保，让人赏心悦目。不像城里虽然车水马龙，繁华时尚，但钢筋水泥高楼大厦之下处处透着逼仄压抑。话有点道理，但也不尽然。其实人的骨子里生来就有种回归自然的欲望，何况如今工作压力大，烦心的生活琐事多，导致产生逃避心态，或许换一个环境可以让人心情愉悦起来。

这是城里厢人的看法，其实在我看来，乡下真正的好，真正让人留恋和感怀的除了田野风光，更主要的是这块土地上有着淳朴的民风和亲情所在。

就拿我们宅来说，从南到北几十户人家，自祖辈起就生活在一起，宅上男女老少200多号人，连五六岁的孩子都能认得全叫得出名字，何况许多都是本家，免不了沾亲带故的。宅上人相处在一起，大多和谐、友善，闹矛盾的有，老死不相往来的也有，但绝对是极少数。遇到刮风下雨，邻居一看你家没人，便会主动把你晾在外面的衣服收了；碰到孩子放学了，大人还没回家，邻居就招呼他（她）一起吃饭；而无论大人小孩，一到吃夜饭时，会端着饭碗走东家串西家，看到哪家桌上有好吃的，夹起筷子毫不客气……

这样的情景在城里是稀罕的。尤其是住进了商品房，邻居间几乎是不照面的。我现在住的地方，虽然搬进来有十余年了，而且是第一批住户，我们单元22户人家，能认清的面孔也只有四五个，而且几乎叫不出名字。

其实我是喜欢打交道的，但在城里，我却不敢同我的邻居打招呼，就怕人家以为我不怀好意，别有企图。

我乡下的房子早在2003年时便被村里动迁掉了，为了引进投资项目，村里动员村民们搬迁，大批的农田和村宅成了工业用地。因为我那时已经在城里安了家，于是便拿着这笔钱给年迈的母亲在老闵行购了一套小二室的房。而那个位于黄浦江畔的村宅，诞生我的"血地"便成了一个记忆，成了一个梦境，永远从我的生活中消失了。

曾经野游过的小河浜，钻过的稻草堆，同小伙伴们避过暑玩过"躲猫猫"的小树林，还有用小瓶子挖过蜂蜜的破墙洞，端过鸟窝的老槐树……都已成为过往。所谓的乡愁，停留在了回忆和叙述之中，尤其是夜深人静，故土情结弥漫全身。

前段时间，由于工作关系，我往乡下跑得比较多，一些还保留着部分农田和村宅的镇，正在如火如荼地建设着美丽乡村，直接刺激着我的神经。我不知道此情此景还能保留到什么时候，或许五年，或许十年，或许更久。谁也说不清。但是我知道，有些东西是苛求不得的，城市化建设的快速推进，乡村终将会成为一种遥远的记忆。不光是闵行，整个上海不也是吗？其实，这也是令人欣喜的，这是社会进步、生活水平提高的具体表现。当然，我也有些忐忑，如果郊区全部城市化了，到那个时候，我们的后代还会记得他们的父辈、祖辈曾经生活过的那片土地吗？不要说不识五谷，面对那些老地名、老村宅和乡风民俗更是陌生的。于是，在闵行区政协"发现闵行之美"系列丛书中便有了这本《寻乡记》。全书分《故土离歌》《农事琐忆》《陌上花开》《野灶炊烟》四个篇章，附录则收录了部分闵行的老地名和乡村振兴的内容。闵行原住民们深情写成的一篇篇关于乡村的文章，寻觅的是家乡的一草一木、一屋一景、一事一人……是真实的，让人历历在目的，或许能为渐行渐远的乡村生活留下一份温情的记忆。任思念弥漫，漂浮不断，也能让后人记得故土的原本面貌。

"暮春三月，江南草长，杂花生树，群莺乱飞。"至少闵行还有些乡村让人留恋。如今这些村的河道整治了、绿化优美了，宅前宅后环境整治后干净了。正所谓油菜花开，稻谷飘香。我想象着，如果我们村没有被动拆迁，那么这样的美景一定也是能够实现的，而我又怎么去规划我的家呢？我肯定不会去造那种所谓的洋房别墅，而是把它设计成具有江南风格的农家小院，有水墨的意境，屋前围着篱笆，种树栽花，屋后有自留地，种上有机蔬菜，还有小片的竹林。闲时与邻居坐谈，品茗闻香，清风徐来，悠哉游哉……

吴玉林
2019年10月

第一部分　故土离歌

城市化建设的快速推进，让曾经纯属郊县的闵行正逐步成为品质卓越、生态宜居的新兴都市。"乡人不语心有所念"，挥一挥手，作别故土，免不了一番惆怅和感怀。但乡愁不是一种字义上的愁绪，而是一种情怀，是一种朴素却又浓得化不开的意境。

再见，李家宅

李慧华

位于闵行区颛桥镇中心村的老宅，在2018年的春节前动迁了。在这里住了一辈子的父母，没想到80多岁高龄时却要面临第一次搬家，用"伤筋动骨"来形容似乎并不为过。

有着我们童年、青春记忆的小河、村宅，将不复存在。我们姐妹仨成长的欢乐，当年过着感到煎熬、现在想起觉得珍贵的日子，仿若就在眼前。

半个世纪以上的日积月累，看着很多堆在家中经年不用的老物件，记忆就这样一点一点被唤醒。这些放着不用、丢了可惜的东西，被我们反复掂量着要不要保留，两代人为此常常争得面红耳赤。

割舍这些，如同去除身上的精血一般疼痛……

我们的老宅叫"李家宅"，它是一个自然的小村庄，只有7户人家，从东到西150米左右。老邻居们毗邻而居，彼此是兄弟、姐妹，祖祖辈辈生活在一起。从我们这一代人起，后辈们基本上都生活在城区了，李家宅成了真正意义上的老人和老宅相伴。

在父母搬家之前，已经有3户人家搬走了。3栋小楼的门窗都已经拆除，呈现出仓皇的迹象。不断有拾荒人光顾，翻看有没有值钱的玩意；收废品、收古董的行家里手，也经常出没宅上……

住在隔壁的东家伯伯，是父亲的远房堂哥。说来难以置信，到他们

近年来随着城市化建设步伐的加快,类似李家宅这样的村宅在闵行正逐渐消失(吴立德摄)

老弟兄这一代,两家人已经是第9代人相邻而居。原本以为,可以互相守望到终老,未曾想一场动迁,"拆"开了兄弟俩的情分。于是他们相约,要在同一天搬离老宅。

开始搬家了。楼上楼下堆满的大小物件,在专业搬场师傅的忙碌中,迅速装车。衣橱、大床、锅碗瓢勺装了满满登登一大车。

拆下门牌号,锁上大门。

母亲拄着拐杖,父亲背着挎包,和东家伯伯告别:"我们先走一步了,以后再见面也难了。""我下午也搬了,你们保重啊。"兄弟俩依依话别,并且留下了在老宅前的最后一张合影。

父母生了我们姐妹仨。我和姐姐读的都是师范学校,因为那时读师范除了学费全免外，还有补贴，每月有16元（后来涨到19元）的生活费。姐姐在高考调剂志愿时，选择了幼师；我在初中毕业时，也坚持要考中师。我们的想法是一致的，既要读书，又要尽可能地减轻父母的负担。

都说穷人家的孩子早熟。记忆中，我们姐妹都很早帮着母亲做家务了。

我上小学时，奶奶还在生产队里出工，母亲在社办企业上班；父亲在市区的蔬菜公司上班，只有周日回家。小我两岁的妹妹没有人带。父母便和学校商量，自备了桌椅，让妹妹跟我一起上学。

姐姐是长女，承担的家务自然最多。

我们上学的村小离家只有五分钟左右的路程。上午的第三节课后，姐姐一路奔跑回家，把煤球炉打开，留一条细小的缝，让它开始慢慢回"神"；然后又一路奔跑回学校上第四节课，常常是踩着上课的铃声进教室。下课铃一响，姐姐又一路小跑，先我和妹妹回家，抓紧时间洗菜、做饭。这时，煤炉刚刚烧旺，正好可以炒菜了。

1976年，农村渐渐开始实行土地承包制。按照政策，我家只有母亲一个农业户口，分得一亩三分地。承包地则根据季节轮换，种上稻子、棉花、小麦、油菜等农作物。

每逢农忙季节，天还没亮，窗外就会响起邻居的脚步声和招呼声。正是好睡的时候，母亲招呼我们起床，穿上高筒雨鞋，长袖衬衫，再往身上喷驱蚊水，拿起小板凳，迷迷糊糊地往生产队的稻秧田里走去。

到了7点半，母亲要赶着到社办企业上班，只剩下我们姐妹仨。我们人小，手劲弱，手法又不熟练，还吃不得苦，往往是毒辣辣的太阳升起来了，还没有完工。常常有好心的邻居，尤其是东家伯伯、伯母和我的堂哥、堂姐们帮着我们完成最后的"冲刺"。

成家后,我们姐妹总盼着村里早一点把承包田收走。只要有田地在,父母是不愿意让别人耕耘的,更不可能让田地荒芜。他们要种田,我们不可能袖手旁观。但真实地讲,种田的苦,还真不是我们所能承受的。

1998年,村里收走了承包田,我们姐妹总算不用插秧、割稻、种油菜了。彼时,父母已经退休,开始养鸡养鸭种自留地,真正乐享天伦。

我家的自留地,只有三分(一亩是十分),距离我家只有150米。但因为父母太忙,我家的自留地,总是没有邻居家的长得好。

自留地上的蔬菜,勉勉强强可以供应我们一大家子人。左邻右舍不免有种菜的行家里手,常常这家送一把,那家送一篮。读过书的父母亲就

在农村,几乎每家每户都有自留地,瓜果蔬菜自给自足(吴立德摄)

一直告诫我们仨，要好好读书。"做农民太苦了，你们小姑娘做不了，现在好好读书，将来可以'鲤鱼跳龙门'。"母亲说这些话时，一般都是在她带着我和姐姐在自留地上拔草、除虫的时候。

许是上苍垂怜，父亲终于调回闵行工作，笼罩在父母脸上多年的愁云也日渐散开。我家的自留地，也渐渐兴旺起来。各类蔬菜长得好了，母亲就在前一天下班后采摘好时鲜的当季菜，第二天四五点起床，骑车去3公里外的红旗新村菜市场售卖，赚点家用。

退休后的父母，养了十几只鸡、十几只鸭。当地有俗语说是"强盗女儿贼外孙"，意思就是女儿和外孙都是外头人，都要从娘家往外提溜东西。母亲总是一边说着这句话，一边乐呵呵地用旧报纸包好每一枚鸡蛋、鸭蛋，和各类蔬菜一起装进马夹袋，然后看着我们大包小包地离开。

父亲是在蔬菜公司退休的，20多年来，无论春夏秋冬，他每天都要忙碌在自留地上，我们自家吃不了，又不用卖了贴补家用了。母亲就经常把菜送人，有租住在我们家的房客，有母亲的小学同学，也有父亲的技校同学……

父亲做过几次手术，精力大不如前。我们劝说，马上要搬走了，不要再种菜了。父亲不信，说哪有这么快的。他仍然在自留地里种上了各类季节菜，还种上了要到5月才能吃上的蚕豆。

刚搬到新居的父亲心里痒痒的，回去老宅好几回，那年过年时，我们家也没有断了绿叶菜，全是父亲"溜"回老宅摘的。

也许，在父亲的心里，他曾暗暗祈祷：拆迁的脚步可以慢一些，乃至于不得不离开老宅了，那么，施工的脚步也可以慢一些，这样，他还可以回来收获这一茬蚕豆呢……

犹记得，25年前，我曾对我先生说："我只有赤脚站在泥土上，才感觉自己是真实存在的。"

这句话旁人听来是不是有点矫情，我不得而知。但当我穿行在都市的钢筋水泥森林，这样的感觉真真切切地有过。

我们姐妹仨从七八岁起，就开始跟着母亲干编织的活。那时，北桥老街上有一家专门负责编织业务的代理点。每周，母亲都会把我们钩好的线帽、编织好的棒针衫交到代理点，经验收合格后拿到加工费，然后取回下一批需要加工的样子和材料。

长期营养不良，加上正处于发育期，初二第二学期，我在持续的高热、低热交替的状态中完成了期终考试后，立即被母亲带去第五人民医院就诊，直接被收治进了病房。医生说我严重营养不良，血色素低至4克（正常人是11—13克）。

那年夏天，我感到备受宠爱。每天母亲都到医院给我带各种好吃的。出院后，母亲继续给我开小灶。怕姐姐妹妹眼馋，母亲常常把红烧肉、荷包蛋放在碗底，而我也总是低着头大口吞咽，好像偷了东西一般。

1984年，参加工作不久的姐姐患了肺结核。出院后，母亲怕在家休养的姐姐无聊，买了一台凯歌牌9英寸黑白电视机，算是宅上很早买电视机的人家。

姐姐生病，母亲承接的加工棒针衫的活，全部落在我和妹妹身上。暑热难耐，那台特意添置的9英寸华生牌摇头电扇，为我们送来阵阵清凉。

那年加工的棒针衫工艺复杂，特别难织，加工一件可以赚十五六块钱。一个暑假，我们大概织了20件毛衣，赚了300多元。现在，母亲一说起我们小时候，还心怀愧疚，说是因为家里太穷了，才导致发育期的我们

对老人们来说，布满生活气息的老物件虽已派不上用场，但也舍不得扔（吴立德摄）

营养跟不上。她说，如果吃得好一些，我们姐妹仨肯定还要长得高一些，再健壮一些。但是，母亲也许不知，那时我们姐妹都盼着生病。谁生病了，谁就会多得到母亲的重视和优待。这样的心理，今天的孩子们是体会不到的。

早几年，姐姐提出在她家附近给父母买一个二居室，但父亲坚决不同意。他更愿意守着那栋小楼，每天一身泥一身土，自由自在。

动迁，对父母来说，是没有选择地搬入新居，是不管他们愿意不愿意的割舍，是从脚踩大地到空中楼阁（新居在12层），那种生活环境巨变导致的不适感，只有他们才知道。

我们尊重父母的意愿，凡是他们想带来的家具和生活用品，我们尽可能都搬过来了。

现在，父母的卧室里，熟悉的床，熟悉的老式家具，熟悉的被褥，除了灯和空调是新的外，几乎就是老宅卧室的拷贝。

按沪郊农村习俗，母亲带来了她从自留地上收来的一捆芝麻，还带来了一杆16两制的旧秤,并把它们绑在朝阳的阳台栏杆上,希望今后的生活节节高、称(秤)心如意。

去年的年夜饭,姐姐烧了一大桌子菜,四世同堂,其乐融融。我们给父母发大红包,父母给第四代发压岁钱。

"一个、两个、三个、四个,介许多啊,这么厚啊!"在母亲一声声的惊叹声中,全家人乐开了怀!笑声中,80高龄的父母开始了全新的生活。

老宅不在了,何处安放我的思念?何处寄托我的乡愁?

推己及彼,我尚且如此,何况与土地打了一辈子交道的父母亲呢?

那块曾经用脚步丈量过、从不亏欠你付出的土地,那个承载了祖祖辈辈生生不息之顽强生命的老宅,离开,何止是搬家这么简单!

感恩祈福,记住老宅!

承载了祖祖辈辈生生不息生命的老宅,离开,何止是搬家这么简单(吴立德摄)

流水席里的人情世故

李成东

周六凌晨5点多，天方方露出鱼肚白，林海鹰便将吃饭家伙——菜刀、勺子、锅、炉灶，从仓库里拖上货车出发。

与僻静森冷的路上不同，车刚开到梅陇镇华一村的村民会所，便看到一群忙得热火朝天的人：手脚利落，忙着洗菜淘米的阿姨；热着油锅准备炸肉皮、蹄筋的掌勺厨师；专心致志做八宝饭、餐后点心的点心师傅；动作娴熟，提前准备冷菜的切配工。

这便是林海鹰所在乡间厨师团队，专门为村里的婚丧喜事、年夜饭提供帮厨服务，十几年来在镇上有口皆碑，甚至被请到南汇、松江等地。

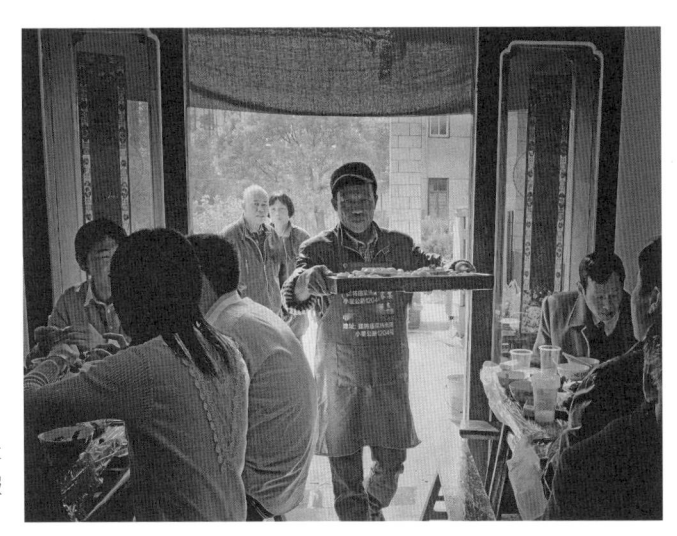

过去乡间的厨师团队，专门为村里的婚丧喜事、年夜饭提供帮厨服务（资料图片）

与市区办喜事去酒店不同，按照梅陇的乡俗，办事的东家更喜欢请乡村厨师团队烧制"流水席"，招待亲友们吃上3天8顿。

这天是一对新人结婚，早上7点便有客人来吃早上这一顿，主食是稀饭，配上8道小菜，还特意加上羊肉烧酒，在本应简单的早饭中体现主人家让客人吃好的心意。

为了讨彩头，中午11点38分开席，大王蛇、澳龙等大菜一盘接着一盘的端上去。客人吃完，林海鹰他们要赶紧收拾干净，继续准备晚上的大餐。待到晚宴结束后，看到桌子上光溜溜的盘子，听上几句东家、客人对菜肴的认可，再与前来参加婚礼的熟人抽上一支烟，这一小会儿是忙碌了一天的林海鹰最大的享受。

他说，现在最喜欢烧的就是年夜饭，今年（2018年）过年那3天烧150桌，全村八成的人会来一起过年，那股子浓浓的年味特别好。

走村串乡20年

林海鹰出生于1975年，是土生土长的梅陇镇曹中村人，自幼便喜欢做菜，十四五岁便跟着村里面的厨师走村串乡，帮别人家忙活红白喜事。

当谈到为什么喜欢做厨师时，林海鹰笑着说，因为小时候物质条件差，能在过年时节吃上一顿别人家的宴席便是天大的美事，他对离美食最近的厨师很羡慕，并且总是感觉村里厨师做出的菜比家里做得好吃，所以就想以后当一名乡村厨师。

1995年，林海鹰来到上海碳素厂做技工，但他并没有放下当厨师的理想，一有空就继续跟着村里老师傅忙活红白喜事的饭食。平时不怎么爱读书的他，还专门买了很多关于厨艺、菜谱的书籍，私底下研究学习。

1998年，碳素厂开设了厨师培训班，这对一直爱好厨艺的林海鹰来说是个千载难逢的机会。在培训班里，他认真向前来授艺的大饭店主厨请教，从切配学起，将以前不规范的习惯纠正过来，系统地学习了厨艺。随后不久，林海鹰就考取了厨师初级证书、厨师高级证书，之后又准备考技师证书。

2000年以后，从碳素厂买断工龄出来自谋生路的林海鹰凭着出色的厨艺，从一名兼职厨师成为一名全职、专业的厨师，当时是位于颛桥镇都会路上的总部1号白领餐厅的厨师长。按常理，平时工作就是厨子的林海鹰，理应不会再去走村串乡当辛苦的乡村厨师，但十多年来养成的习惯一直改不掉。

"我平常也没什么其他爱好，就是喜欢在乡下当厨师，帮人家烧菜。特别是在附近几个村烧菜，宾客都是老朋友，他们进厨房和我打招呼。大家忙里偷闲抽根烟，聊聊近况，感觉很愉快。"对林海鹰而言，为乡亲们烧上一桌上好的本帮菜，大家好好聚聚，话话家常就是最好的休息。

"村里的年夜饭是最热闹的，摆上一百多桌，八成的村民都来一起过年，那热乎的气氛我特别喜欢。"林海鹰说。

林海鹰青梅竹马的邻居林彩萍在一旁补充，2000年左右，为了热闹，村里有十几家村民会拼桌子在她家吃年夜饭，每次烧菜的都是林海鹰。后来房子都借出去了，村里建了文化客堂间（村民会所），大家年夜饭便到那里聚餐了。文化客堂间是梅陇镇为了满足村民的文化需求，将昔日只举行婚丧喜事的村民会所改装成文化和活动功能于一体的场所。

"今年的年夜饭足有150多桌次。动迁后大家又聚在了一起，来了足有八成村民，特别不容易。当时，我在微信朋友圈发了一张年夜饭的照片，随后我的初中同学们就在下面齐刷刷地留言表示自己也在现场，他们中很多人都不在本村，年夜饭的时候大家又相聚在了一起，特别难得。当然，烧菜的主厨还是林海鹰。"

从"四大金刚"到大王蛇、澳龙

林海鹰不善言辞，但聊起美味佳肴却能打开话匣。

"时代变迁了，拿现在和过去的条件比，真的天差地别。早年我给办事的东家烧菜时，如果台面上有鸡、鸭、鱼、肉'四大金刚'，甲鱼、黄鳝等河鲜，那就是相当好了，很有面子。条件差一点的人家办事，就只能整一个'八大碗拼盘'和8个热菜。这几年出去烧菜，连大王蛇、澳龙、大闸蟹已经成了常见菜，都以海鲜为主。"

林海鹰解释，所谓的"八大碗拼盘"就是小排打底，然后是放上熏鱼、皮蛋等冷菜，装在一个10寸大的拼盘里。8个热菜基本上是茭白炒肉丝、葱花炒鸡蛋等，很多都是白菜、茭白打底，上面特意放着肉，看上去体面好看，再加上一个热汤、酒酿圆子、八宝饭，整桌菜就齐活了。每桌席面上用的鸡鸭也都不是整鸡整鸭，都是切成块的。

他笑着猜测，20年前流行烧汤菜，而现在炒菜较多，是因为物质条件有巨大差距，菜油金贵，而烧汤菜时，经常用大骨头熬出的高汤，多放些汤汤水水，吃起来味道不错，看起来分量也足一些。

附近的村民都特别爱吃冰糖羊肉这道菜，可以说是附近人家办红白喜事必备菜品。现在姑且不说，放在冰糖都稀罕的80、90年代，这可是个实打实的硬菜。

这样一个广受村民喜爱的菜，林海鹰自然是烧制它的行家里手。"我们这儿的冰糖羊肉烧法和其他地方完全不同，外面烧这道菜都是把羊肉烫好后，拿出来，以去掉羊肉本身的腥味，而我们是直接将事先冲洗干净的羊肉放进锅里烧，不允许将肉出水，不许放入吸油的萝卜等食材，保留羊肉的原汁原味。这是老师傅手把手传下来的规矩，违反要被骂的。"

林海鹰的冰糖羊肉烧法是先把锅烧热，随后放入油、整块的葱姜起爆，再加入热水，放入事先冲洗干净的羊肉。羊肉下锅烧到八成熟时，再将冰糖、盐、老抽放下去，用大火把汤汁烧干，并不断地将汤面上油沫去掉。这样烧法的冰糖羊肉出锅后，色泽红亮，汤汁浓郁，味道鲜美。他强调，烧这道菜时，每两斤的羊肉就要放半斤冰糖。

办红白喜事时，用自制的肉皮烧菜也是附近的传统。林海鹰说，市场上很难买到正宗的三林肉皮，为了让客人吃到高品质的菜肴，办事的东家都会请厨师油发肉皮。此外，办婚宴喜事时，不允许有香干等豆制品，只能办白事时可以用。

"在几十年前，家里办事，比如儿子娶媳妇，都要提前养一头猪或者一只羊，办事时杀了，让厨师做猪下水，发肉皮，那时候的羊肉、猪肉吃起来喷香。有些干货，都要提前几个月采购回来。"林海鹰说，以前家里办事很不方便，因为没有冰箱，不能冷藏菜，除了白事没办法，喜事一般都放到天气较冷的冬天办。

有人担心，请乡村厨师烧流水席这个风俗会不会断时，林海鹰似乎很有自信，"虽然现在条件改善了，但是流水席仍旧有它的独特优势，所以是不会消失的。以村民会所里的年夜饭为例，一桌有大王蛇、澳龙、膏

过去办喜事,往往需要全村人共同参与。这样的场景在当年的农村随处可见(资料图片)

蟹等菜肴的宴席只要两千元就能吃到,很实惠,而外面要翻几倍,而且全村人一起吃年夜饭,比家里几个人吃,更热闹更有年味。"

逝去的习俗便是乡愁

相对于物质条件富足的现在,林海鹰反而更怀念吃上一块肉便能口舌生津上一天,一家人办事、全村人参与的过去。

作为乡村厨师团队的一员,林海鹰并不喜欢现在看似方便的"一条龙"服务。在2000年以前,曹中村人办事,通常是请亲朋中善于烹饪的或者林海鹰这样乡村厨师掌勺,请邻居、亲戚帮忙买菜、洗菜、配菜、端盘等，锅碗瓢盆、桌椅碗筷都要跟村里的各家借。

那时，各家也都有木质的托菜盘，一旦村里有人做事，只要招呼一声，便会将托菜盘以及家里的八仙桌、长椅相借，称得上"一家做事，十家帮忙"，村民间感情很热络。

"有时候办一场婚丧喜事，便能化解一场仇怨。"林海鹰说，因为每家办事都要请村里邻居来帮忙，所以相互帮忙是一种习俗，只要上门请，哪怕平时关系一般，村民也会去帮别人家做事。如果村里两家人有了矛盾，只要办事时，邀请帮忙，就是一个和解的信号。一般情况下，只要宴席吃完，两人抽根烟便能和好如初。

过去烧饭做菜的灶台也和现在完全不一样，是用砖瓦砌成的炉灶。办事情时，东家的灶台用来烧菜，隔壁邻居家的则用来烧饭、烧开水。在办事前，东家就要收集好足够的木柴，而不能用平时烧菜用的稻草。因为木柴的在炉灶里比较耐烧，而稻草很快就烧完了，不容易控制火候。值得一提的是，曹中村过去有一个制刷厂，村里人每家办事时经常去求取一些木刷边角料。

用炉灶烧大锅饭是相当需要水平的，控制温度的难度颇高，所以办事时，烧柴火的一定是能掌握火候的"老法师"。林海鹰的爷爷就是这么一个能配合厨师火候要求，经常被请去烧柴的人。于是林海鹰便能时常跟着爷爷进到灶堂间里，一边看着厨师烧菜，一边享受着冬日里难得的温暖。林海鹰小时候能与厨师这行当结缘，也有这方面的原因。

早年，还有一个与乡村厨师相辅相成的团队，叫做"茶担"，专门负责提供整齐的碗筷、喝杯的杯子、勺子等工具。"茶担"很重要的职司就是宴席吃到一半时，准备数条用开水浇得滚烫的热毛巾，再撒上花露水，弄得喷香，让客人擦去脸上的油腻。这服务在当时可不逊色于现在的五星级酒店服务。

"现在村里吃流水席，就跟去饭店吃一样，办事的东家也不用忙活什么，来吃饭的村民也是吃完就走，大家少了以前办事那股子热乎劲儿。"林海鹰狠吸了一口烟说，"还是喜欢过去那种氛围，经常会怀念。"

乡村影视生活全记录

农　夫

生活中总有些东西让人印象深刻，无比怀念。有时候想想，我长期从事文学创作，并醉心于此，除了自小对阅读的无比热爱外，似乎也颇受影视的影响。

我在很长一段时间里生活在闵行（原上海县）南部的乡村，而当年关于乡村影视的记忆，可以回味的还真不少。

70年代：乡村电视

20世纪70年代中期，电视机在上海郊区绝对是奢侈品，一般农家几乎是买不起的，至少在我的印象中没有，不过一些富裕的生产队利用集体积累购买的情况倒是出现了。这也让每天脸朝黄土背朝天、长期处于闭塞的乡人能通过一方小小的屏幕逐步了解到了外面的世界，开了眼界。

其实那时我很小，之所以清楚地记得，是因为那年（1976）正好是毛主席逝世，举国哀痛，九州同悲。我们村上的第一生产队刚买了一台电视机，12英寸黑白的，很小，但对乡人而言是件大事了，周边的村民都不约而同地赶去看新鲜。

那天正巧央视在播放毛主席逝世追悼大会的新闻，哀乐声响起，场上肃然，而后是轻轻的抽泣声，再后便是哭声一片了。

1982年春节前夕，原上海县虹桥公社长春大队社员购买凯歌牌电视机（资料图片）

    天气好时，电视机是放在生产队的打谷场上的，下面是个一米多高的木架子，仓库的屋顶上矗着用于接收信号的天线，信号时弱时强，需要有人爬上去调转方向，一边调一边还喊，"有了吗？有了吗？"在下面调电视的人则回答，"还是雪花，再转转"，于是上面的人只好不断地转，直到底下的人说"好，好，清爽了清爽了"才作罢，这样繁复的工作几乎每天都要进行。那时频道也少得可怜，一个是中央电视台的，一个是上海电视台的。央视的俗称5频道，上视的则是8频道。不过本地人对本地电视台总是情有独钟的，故而长期一段时间里8频道在上海人的心目中有种特殊的亲切感。

后来，我们村的各个生产队都陆续买起了电视机，反倒是我们队属于"落后分子"，这让一众乡邻脸上颇为无光，到隔壁生产队蹭看电视时，总像做贼似的心虚不已，到最后连生产队长都觉得不好意思起来，不能为村民们谋福利，这是领头人最大的失职。终于有一天，他和队里会计商量后买了个20英寸的电视机回来，这倒也有好处，比之前其他生产队买的12英寸、16英寸大了不少。于是村民们忽然有了种扬眉吐气的豪爽。电视机同样也做了木架子，更考究的是，木框前后装了反盖，还是带锁的，看完后前后反盖要上锁，大概是为了防止有人乱玩，或者被盗吧。

从此，我几乎是每个晚上一吃好晚饭就去看。电视里放什么就看什么，因为节目内容实在太少，没有可挑选的余地，而播出时间也是到晚上10点多就结束了，哪像现在24小时连播。

因为受经济条件所困，加之在外求学，我自己拥有电视机是时隔多年后，大概20世纪90年代初吧，还是我哥哥淘汰下来的，记得是台18英寸的夏普。这是他结婚时倾尽全力所购的，质量相当不错。

如今看电视的几乎是中老年了，电视机几乎成了摆设。

80年代：露天电影

我家住在黄浦江畔，离所在的马桥镇上有10公里，离城区老闵行也有10公里，镇上没有电影院，而城区的电影院又是可望而不可即的，坐车没钱，看电影也没钱。可想而知，在20世纪80年代，对于一个农村小学生来说，看电影简直是一个无法企及的美梦。

于是，由县、乡安排的各村各队轮流放映的露天电影便成了村民们

露天电影的出现，极大程度上丰富了农村的生活（资料图片）

最大的娱乐享受，每逢放映队来临，便可演变成一个盛大的节日。

在哪里放电影，一般由乡通知村（20世纪80年代时称生产大队），村里再通知生产队长。于是"要放电影了"的消息，通过口耳相传迅速成为村里传播最广的新闻，大家同时在急切地打听，会放什么电影，人人为此兴奋不已。电影一般选择在队里的打谷场上放，在场地一头，竖起两根毛竹，中间挂上一块硕大的银幕，放映员忙着调试设备，天色还没有黑时，打谷场上已是满满当当的人了。本队的人都是自带板凳，附近队、村的只能站着。遇到好片子，那才叫人山人海，烟味汗味等各种气味混合在一起，大家叽叽喳喳地交谈着，伴着孩子的欢快笑声。这时候也是家长里短、各类八卦最活跃聚集的时候。也有正处于恋爱阶段，或私下对上眼的年轻人会悄悄地躲在一旁，趁看电影的间隙谈情说爱，但人太多了，又不敢大声说，大都是眉来眼去。电影放映时，哪怕是在学堂的座椅上坐不得一刻的小孩子，此刻也大多乖乖地坐到银幕的最前面了，不敢随便走动，怕挪动屁股位置就被人占了。有时候，电影太热门，场地上人实在挤不下，有人就跑到银幕反面去看，甚至爬到树上、屋顶上的都有。

在那个年代，只有亲身感受过露天电影的人，才会理解什么叫"盛况空前"。而碰到这样的"盛况"，我是绝对不会缺席的。

当然，那时候的电影产量还真是不多，放映队带来的大多是些老片子，虽然翻来覆去地放，但几乎没有人生厌的，一部片子就算看了三四遍也还是乐此不疲。无论大人还是孩子，大家都爱看战争片（我们称打仗片），什么《渡江侦察记》《南征北战》《地道战》《红日》等等。印象中，我还看过一部越剧版《红楼梦》，尽管对故事情节不甚了解，那些越剧唱腔更不对我胃口，但就因为它是电影，我很有耐心地把它看完了，而且还是站着的。那年，我大概小学还没毕业。

现在，尽管各类影院（影城）遍地开花，但露天电影又恢复了，而且影片也不是太老的，大多是院线下档才半年的。不过场所换了，不再是乡下打谷场，而是居民住宅小区里，貌似也颇为热闹。我曾经在边上看过一回，却已找不到当年的那种感觉。

90年代：录像播放机

20世纪90年代，录像机时代来临了。夏普、索尼、松下、日立等日本品牌录像播放机成功进入中国市场，迅速地改变了国人的家庭娱乐生活。

最早的录像机是卡带式的。相信不少70后、80后在小时候对录像带播放机印象深刻，大街小巷的录像厅成为城区里的一道风景线，而去租录像带更成为不少人美好的回忆。如今岁数在40—50岁之间的人基本都知道录像机。当时录像机实在是极其奢侈的电子产品（好的机器比电视机还要贵很多）。我记得一部松下录像机当时要卖到3000多元，而夏普的价格普遍在4800元左右，彼时大多数人的工资收入每月才100多元，要知道，在我们农村地区，90年代500元就能盖一间房，两台录像机的钱就能盖一幢两层楼了。所以一般人是消费不起的，而且不少人就算买得起录像机，也买不起录像带。就如现在，我们常开的那句玩笑话"买得起车养不起车"一样，于是录像带租借业务异常火爆。

新娘出嫁，嫁妆里除了电视机、音响等，如有一台录像机，那绝对

20世纪八九十年代，录像带租赁生意十分红火，大街小巷随处可见（资料图片）

是件有面子的事，"腔调不要太浓哦"。

我哥哥当年因工作原因，常往返于沪港，这让我沾了不少光，我在咬咬牙买了一台录像机后，片源也得到了相应的保证——哥哥常从香港带回不少录像带，那时流行港片，比如《古惑仔》系列，李小龙的武打片，也有王杰的《七匹狼》等等，尤其是日本的惊悚片《贞子》更是让人又怕又爱，欲罢不能。我看完了这些片子后，就同别人去换。有段时间，还叫哥哥弄回些空白带，并专门到朋友处借来一台录像机，一台放、一台录，然后送给朋友。

后来，卡式录像带淘汰了，代替它的是LD，就是激光视盘，更轻便，分辨率画面更清晰。不过LD碟机高达6000多元，而LD每张光盘的价格在300元左右，很多人都买不起光盘，所以LD碟机只是发烧友的市场，虽然声称是面向家庭的影音系统，但由于其价格昂贵，且笨重，不久便被后来的VCD、DVD所取代。

VCD或DVD影碟机，是真正走进了千家万户的，它也将家用播放机推向了一个顶峰。那时国产的实达、步步高、爱多、万利达等品牌，因其价格低廉，功能齐全，打破了日本机器的垄断，一时风光无二。尤其是其强大的纠错功能，对盗版碟的播放支持，竟让以发明制造先进电子产品著称的日本厂商颇有种望其项背的无奈。想想不知是悲哀还是欢喜，我们的创新能力在这方面倒是挺突出的。

如今人们大都是从电脑、手机中下载影片看，VCD、DVD几乎没有人看了。我家倒还有两台夏普DVD，数百张碟片。看来得好好收藏着，哪天一不小心就成了文物。

写下这组乡村影视生活的几个片段，数十年岁月弹指一挥间，却有种恍如隔世般的感觉。

剑川路的前世今生

李慧华

每个周末回家,剑川路总是一如既往地拥堵。

动迁前的某个周末,开车陪父母去镶牙,回来的路上,看到反方向的路上又是车满为患。母亲说:"太堵了,以后,你们就不用走这段路了。"

是啊,老宅不复存在。沪闵路以西的那段剑川路,那段家门口的柏油马路,就真的不用再走了。

我忽然有些惆怅:从学会走路到如今驱车往返,剑川路记载了我的

与剑川路平行,相距不过400米的铁路,是儿时生活的重要印记(资料图片)

半部人生。

小时候的剑川路，只有两车道，两旁的梧桐树遮天蔽日。从沪闵路向西沿着剑川路直行不到一公里，便是老中春路。老中春路向北400米，便是铁路道口。

老宅，就在这400米的道路西侧，铁路道口以南150米。

三四十年前的剑川路，很美。两侧的农田，随着季节的转换变化着颜色。

最美莫过春天。油菜花开时，一大片的亮黄摇摇曳曳，引得蜜蜂忙个不停，微风拂过，丝丝香甜沁人心脾，田埂上的野花盛开，我们常常编织一个花环戴在头上，心里美滋滋的；夏天，稻子熟了，稻穗压弯了腰，金灿灿一片；秋天，要摘棉花了，朵朵白云散落在田间，一丛丛，一簇簇；肃杀的冬天，如果来一场瑞雪，大人们的心情便晴朗起来，瑞雪可以冻死田地中的害虫，来年的庄稼一定是好收成。

每天放学后，我们姐妹仨都会流连在剑川路两侧的田间小路上，不是玩耍，而是挑野菜、割猪草、捉蚯蚓、钓青蛙，用以饲养家里的猪啊鸡鸭什么的，盼望它们快快长大，快长肉，好下蛋，能换钱。

每当暮色四合，各处开始升起袅袅炊烟，我们都知道，不管有没有收获，都该回家吃晚饭了。

秋风起时，梧桐树便开始落叶。枯黄的梧桐叶，可是大灶最好的柴禾。为此，我们姐妹仨的一个重要任务便是捡拾梧桐叶，用以贴补家里永远不够烧的柴禾。

通常都是姐姐找来几根小木棍，在每根小木棍的一头系上长长的棉线。我们一人拿一根，把捡拾到的树叶穿在线上。

虽然单薄的衣衫抵不住秋风萧瑟，但我们总盼着秋风猛一些、再猛一些，气温低一些、再低一些，这样树叶就"绷不住"，纷纷落地，我们便欢呼雀跃地追逐捡拾。当我们姐妹仨分别拖着几条长长的梧桐树叶串回家时，那个得意劲儿，把秋寒甩得很远很远。

20世纪70年代末，我上初中，姐姐上高中。那时，家里条件稍好的同学都开始骑自行车上学。而我们姐妹，总是沿着屋后的那条铁轨，向东步行2公里去上学。

尽管家里不可能有闲钱买自行车让我们上下学，但学骑自行车的愿望，还是越来越强烈。

我和姐姐学骑自行车，都是在剑川路上学的。错开早晚高峰的剑川路，鲜有汽车经过。家里的自行车，是父母上班用的。父亲的那辆大，是28寸的。母亲那辆是26寸的。

学车总是会摔跤，母亲怕我们摔坏了车子（不是怕摔疼我们，呵呵），影响她上下班，不同意我们学。我们总是软磨硬泡，有时还偷偷地骑出去。父亲好说话，"老坦克"还经得起摔，我们就经常用父亲的"老坦克"来练习。一个小小的黄毛丫头，骑着28寸的"老坦克"，画面是不是很有违和感？

剑川路拓宽前（记得好像是1998年）是没有路灯的。一个小姑娘是万万不敢在夜间的剑川路上独行的。姐姐在川沙读幼师、我在嘉定安亭师范读中师、妹妹在七宝读高中的那段日子，我们仨分在三地，我和姐姐更是路途遥远，加上交通堵塞，回家的时间总是不确定。我们一般提前给父母打电话，约定回家的日子和时间。只要我们没有按时到家，只要天色晚了，父亲一定会在车站等候，无论风雨交加、无论寒冬酷暑。下车的我们在看到父亲的一刹那,心中瞬间升腾起一股暖流。

与剑川路平行、相距不过400米的铁路,也是儿时生活的重要印迹。

在物资短缺的年代,每当有运煤的列车经过,我们总是拎着竹篮,追着沿路捡拾掉落的煤块。嫌煤块掉落不够多,小伙伴们(我们姐妹仨肯定在)总是分列火车两侧,对着缓缓驶过的车厢上的煤堆扔大石头,期望可以击落更多的小煤块。但那时人小没有力气,准头又差,又在击打行进中的目标,结果总是"竹篮打水"。

1987年春天,我和妹妹还在念大学时,父母亲准备翻造楼房。父亲像燕子筑窝一样,开始准备造房用的各种建筑材料。

印象最深刻的是,这一年的春节前,父亲托人弄来几卡车石子,卸载在剑川路老中春路口上。父亲不想让好不容易弄来的石子荒废,趁着春节休息,借来铁丝架子,一铁锹一铁锹地筛石子,再将筛好的细石装进蛇皮袋,用板车拖回家码好。

凛冽的寒风中,父亲干得满头大汗;阳光无力地投射下来,透过光秃秃的梧桐枝杈,落在只穿着单衣的瘦小的身影上。

母亲让我去招呼父亲回家吃午饭。当我走到剑川路口看到这一幕时,内心的战栗无以言表。而今想来,当年父亲也已经54岁,这样的画面,这样的春节,让人感到特别扎心。

社会的变革,总是不以人的意志为转移。

水墨画一般的家乡,在城市化的进程中渐渐失去了她清秀、俊雅、带点寒酸的脸庞,城市越来越近了。

渐渐地,剑川路上的车多了,路两旁没有农田了,梧桐树也不见了,被四季常青的香樟树所取代。再渐渐地,地铁开到了闵行,有了"剑川

剑川路沪闵路处的村宅已被动迁，正在建设龙湖天街综合商业体（吴立德摄）

龙湖天街效果图

路站"。

剑川路犹在，只是不复静谧。

望着近在咫尺的林立塔吊，很无奈的爸爸，居然在小本本上留下了如下记录——今天，我数到的塔吊有16台……

望着日渐逼近的片片高楼，很无奈的母亲，经常坐在门前的石墩上长吁短叹——看来，我们是应该搬家了……

学普通话趣事

王胜扬

普通话现在很普通，在上海的使用非常普遍，在大部分的公共场合，你耳朵里听到的几乎都是普通话。可是如果把时光倒推几十年，那时候普通话在上海民间就不怎么普通了。何以见得？关于普通话在上海的前世今生，就让我这个土生土长的上海乡下人来讲述自己的所见所闻吧。

我是20世纪50年代出生在上海农村的，而我上一辈的上海人就差不多都不会讲普通话。这也难怪，上海话和普通话，一个是南腔，一个是北调。我的岳母大我40几岁，她年轻时就住在城里，喜欢在收音机里听越剧、沪剧，见识相对多一点，她虽然讲不来普通话，但能够听懂一些。我家里还有位老人，是我的婶祖母，她来自农村，不识字，让她听广播喇叭里的中央人民广播电台"新闻和报纸摘要"节目的普通话，她说怎么净是外国人在讲话，叽里咕噜的。两位老人家辈分不一样，年龄却都是80多岁。两人住在我家一起看电视剧，岳母看得似懂非懂，而婶祖母因为听不懂普通话，根本搞不清剧情，急得她连连问我岳母："里面讲点啥？"岳母自己也说不太清楚，婶祖母一再追问，岳母老人家就有点不耐烦了。结果两个老小孩一起看电视还闹了个不愉快。

"普通话"不普通，那时不光表现在老年人身上，而且还反映在干部身上。我初中毕业后回乡参加农业生产劳动，干了几年后被社员们选举为生产队长。记得是20世纪70年代中期，上海县的领导在刚刚建设完毕的上海跳水池内召开有3000多人参加的四级干部大会（县、公社、大队、生产队四级），称得上是声势浩大，规模空前。会上县委一位副书记做主题报告，他也不会普通话，操着一口浓重的地方口音（我已经记不得他是哪里人了）说了大半天，我这个初中毕业的生产队长始终没有听明白他说了些啥。再问问同来的队长们，他们也只是苦笑着直对我摇头。

这可能是个比较极端或个别的例子。但是那时候搞计划经济，人口很少流动，不少上海人包括干部不会讲或者不需要普通话却是不争的事实。我在70年代后期到80年代中期先后在乡广播站和县广播站工作，那时候，县、乡两级广播站的所有自办节目，用的是沪语播音。1987年我离开县广播站进入县政府办公室，去市里部门开会，市里的领导们在会上倒是大部分都讲普通话，而在郊区的上海县，由于县以下干部中绝大多数是上海本地人，召开大小会议，无论是主持人，还是会议报告，基本上都用上海本地话。由于平时不怎么用，干部们讲普通话都显得有点别扭，讲不流利。在一般场合，如果哪位本地朋友突然使用普通话，旁边的人还会认为他是在"打官腔"。记得有一年上海县召开三年一次的全县体育运动会，我熟悉的一位县领导为了主持好运动会的开幕式，把主持词用普通话背了又背，要女儿帮他纠正口音，还对着镜子练了许多遍。这件事证明了两方面的情况，一是普通话还很少使用；二是在正式或比较正式的场合，上海人开始使用普通话了。

在我的记忆中，普通话在上海的较快普及是在改革开放风起云涌的20世纪90年代。1992年，经国务院批准，原上海县和原闵行区"撤二建一"，成立新的闵行区。新闵行区委区政府的主要领导身体力行，带头讲普通话。记得新区长从市级机关调来，他也是农村干部出身，刚到闵行

上海科学教育电影制片厂曾于1957年专门拍摄了科教片普及推广普通话（资料图片）

区时普通话也说得不怎么标准，经常会出现"上海普通话"的现象。譬如他在大会上讲新闵行区要建设轨道交通，就把轨道的轨（gui）说成了管（guan），轨道交通成了"管"道交通，说得下面的干部都印象深刻。但是他不怕"洋泾浜"，坚持在大会小会都用普通话表达，以后越说越顺溜，越讲越标准。那时候不光是领导干部带头，为了适应改革开放、对外交流的新形势，全社会都积极地普及推广普通话，闵行区的广播电台、电视台都取消了沪语播音，全部改用普通话。到90年代末我在区政府工作时，兼任区语言文字工作委员会的主任，在全区中小学乃至幼儿园都推广普通话，那时候的宣传推广，概括起来就是一句话："请讲普通话"。那时候，不光是学校里都讲普通话，区里大大小小的会议，都使用普通话了。

当然，这时候普通话的使用、普及、推广主要在学校、机关和大单位进行，日常生活中人与人之间的交流都还使用本地方言。到了本世纪初，这种状况又有了新的变化，原来只用上海方言的人群也要使用普通话了。因为随着上海的经济和社会各项事业的发展，越来越多的外省市人和外国人进入上海城乡，他们和上海本地人的交流基本上要靠普通话。记得是2003年那一年，老家在浦江镇的一位同事告诉我，他的70多岁的母亲和村里的许多老乡都被"逼上梁山"，要学讲普通话。因为许多农村家庭把多余的房屋出租给了来上海就业的外地人。初来乍到的外地人根本听不懂上海话，与他们打交道、谈合同、收房租、当然都要用普通话来交流。同事感慨地说，现在上海本地人都需要会讲普通话，否则像我母亲这样不能和外地人交流，不要说收房租，恐怕连房子都会租不出去。

至于普通话在上海的现状，大家都能认识清楚了。无论是在工厂企业、商业店堂、机关单位，还是在街头公园、地铁车厢、公交车站，人们都用普通话作语言交流了。而在上海本地人看来，随着普通话的普及，上海本地话的使用空间小了，而且某些地方好像还走过了头。譬如现在不少年轻的甚至是已经当了爸爸妈妈的上海本地人，由于平常只使用普通话，本地的上海话倒不怎么会讲了。现在上海人家庭里的中小学生、幼儿园的小朋友，能够讲一口流利的上海话的，恐怕只在少数了。我的孙子现在念小学，由于他的妈妈是湖南人，家里人交流都要讲普通话，所以他对上海话从小就很陌生，听不懂，更不会说。我的父母亲十分喜爱曾孙，可是他们与曾孙交流有个太大的障碍：小曾孙听不懂他们口味浓重的上海本地话。这种状况又引来了许多上海人的另一种担心：上海话在不久的将来会消失掉。于是主流声音里出现了一句口号：要传承和保护上海话。不少上海家庭在这句口号的警醒下，重新审视家庭的语言使用习惯，开始注意让小辈们说好普通话的同时，也掌握和熟悉本地方言。我的那些曾经在县、乡担任过沪语播音员的老同事，不少人成了传承、保护上海话的志愿者。

回顾普通话在上海的使用情况，我觉得它像一面镜子，照出了时代的变化，社会的进步，上海人素养的提升，同时它也反映了上海这座城市海纳百川的胸怀。

亲历种田人的改革点滴

邵嘉敏

大伏天，孵在瘿瘦瘦的空调间里，看着窗外热浪滚滚，思绪飘忽回到过去曾洒下无数汗水的这一片土地及农村的改革巨变。

20世纪70年代初，我初中毕业无书可读，理所当然回乡务农"学生活（学徒）"。七八月份正逢"三抢"大忙，天天汗水湿了干、干了湿，到夜快衣背上呈"盐花纹"。可报酬是"三分工"，也就是说你一天劳作八个小时，到年底结算工分时，每个工分计一角钱的话，你的收入就是三角钱。我队分红水平低，当年只分七分。如此，我的一天收入即两角一分钱。大约半年后，我接替在此"插队落户"的"知识青年"，担任记工员兼出纳。每天一半的时间就是把全队近百社员的出工情况，包括工作内容、工时记录在册。到月底、半年度直至年底，把工时及每个劳力被评定的等级结算成工分。当年时兴"大寨式"记工评分，很快沦为"大概式"，即"干多干少一个样，干好干坏一个样"，"出工像拔纤（慢），收工像射箭（快）"，出工不出力，生产效率低下。种了那么多田，收了那么多粮，"交足国家的，留足集体的，剩下才是自己的"，事实上剩下无几，甚至吃不饱肚皮。即使强劳力，一年也就三四百元收入。

1978年末，安徽省凤阳县小岗村18户农民冒险在"大包干"的"生死契约"上按下了血红的手印。这悄无声息又危机四伏的举动，事实上拉开了中国农村改革的大幕。

党的十一届三中全会后，开始推行家庭联产承包制（资料图片）

实际上，1977年1月我被调到公社广播站工作时，农村改革已经暗流涌动。一些队偷偷地搞着"小段包工"、"定额记酬"，"拔秧讲板头，种秧讲行头，割稻讲块头，捉花讲斤头"，论板头、行头、块头、斤头记工分，多劳多得，劳动生产率有所提高。但这是不是与社会主义相抵触的"资本主义"，经历了"宁要社会主义草，不要资本主义苗"的许多人心里都没有底。

党的十一届三中全会后，改革春风吹遍神州大地。1983年，推行家庭联产承包制，根据生产队土地总面积、总劳力"分田到户"。但乍暖还寒，阻力重重。多数人赞成，也有不少人疑惑想不通。"辛辛苦苦几十年，一夜回到解放前"，路线、方向对头吗？！

上海郊区农村实行家庭联产承包责任制后，农民在年终分红时露出了笑脸（资料图片）

这段时间，我随公社、大队及生产队干部，没日没夜跑田头、走场头、到社员家里头，做了大量的调查研究工作，并通过广播广泛宣传动员。没多久，作物长势、收成等事实说了话，社员也尝到了甜头。

到1985年，延续十多年的双季稻被淘汰，"三熟制"改为"两熟制"，"三三得九，不如二五得十"，农民生产强度及地力利用得到合理调整。随之而来的是经济作物的扩大种植和养殖业的发展，农民的收入有了明显提高。此时，社办队办乡办镇办村办工业得以蓬勃兴起。到90年代中期，农田向适度规模经营和合作农场转化。几十年间，农村耕作制度、作物品种乃至科技水平、生产经营方式不断改革提升，生产力与生产关系得以相互促进。

再后来，大量的农田被建设征用。集体产权制度改革等生产关系亦进一步变革，农民既能享受到土地流转收入，又能成为股民拿到村集体经济分红。

曾清晰记得，那些年，针对集体资产家底不清、产权不明、管理不透明的状况，为适时推进村级集体经济改制，我这个土生土长的在任镇党委副书记，曾会同相关负责人到多个村，召集各种类型的座谈会，找每一个党员、干部谈话谈心，并接待上访群众，晓之以理，动之以情，导之以行，解疑释惑。历经数载，终得推进。

至今，生我养我的公社、乡、镇已几无耕地，迈入城市化了。没了土地的失落感，伴之更浓郁的当是生活的幸福感……

现在，退休两载的我站在莘庄沪闵路莘松路口11楼住宅阳台望去，四周高楼林立。朝南，是曾经工作过的莘庄工业区、颛桥镇，东南是"大紫竹"，许多高科技的、文化创意的产业正在作新一轮开发，着力打造"南上海高新智造带"。朝西，隔竹港、嘉闵高架，过去几年还略显荒凉的G60上海松江科创走廊正蓬勃兴建。朝北，莘庄商务区沿七莘路到虹桥商务区接连成"大虹桥国际商贸带"。往东，一座偌大的国际大都市的天际线愈发展开。呵，曾经的农村已经寻不到踪影，但这块土地上四十多年间发生过的沧桑巨变，我们这辈人是忘记不了的。在这片热土上，另一种"热浪"在翻滚……

柴米油盐话"灶头"

瞿金其

民以食为天，食以灶为先。

开门七件事，柴米油盐酱醋茶，件件离不开灶头。买了套全装修的商品房，交房这天，拿了钥匙开门进房，第一件事就是先到厨房间。六个多平方米的空间，灶台、水池、冰箱、碗柜，从头上的挂柜到灶台下的暗柜，墙壁上的刀具架到挂饭单袋的钩子排的紧紧凑凑，错落有致。再看着明亮宽敞的双扇窗口，把这个厨房间显得更加高大上。称心满意中还特

过去烧饭用的土灶台，现在闵行的乡村早已不见踪影（资料图片）

别关心一下脱排油烟机下的灶头。觉得这个灶头有四个灶眼，除了两个大火和一个小火外，还有一个圆平面的灶眼。觉得奇怪，不知可派啥用场。经介绍，原来是为万一断了煤气时可用的电磁炉。想得真周到。我心满意足地站在厨房间里，一种换了人间的感觉油然而生。自己四十多年的农村生活，用灶头烧饭、烧菜、上灶、下灶、刮镬、洗碗的灶头场面又一幕幕

出现在眼前，挥之不去。

我们莘庄本地人，祖祖辈辈都是用土灶头享受烟火食的。三十多年来的城市发展迅速向近郊扩展，随着土地征用，村庄拆迁，从根本上改变了衣、住、行、劳的习惯，更彻底改变了授以人们一日三顿的灶头，代之以烧煤气、电饭煲，住的是楼梯、阳台房，几个宅基（村庄）一小区，乘个风凉像开会。真像人们闲聊时戏说的：过去的男人们是远到田横头、近到灶前头，女人们是远到水桥头、近到灶前头，横竖脱不了个灶头。

未开发前，我们一直沿用的都是土灶头。而且本地人讲究灶头间要亮，睡觉的房间要暗的"明灶暗房"的房内布局。朝南开门口的农居建筑，灶头间也一定会安排在南半间。单单一个灶头就占去了两个多平方米面积，加上灶前、灶后、水缸、砧墩、碗盏橱柜、水桶、柴草，少说也要十几个平方米面积。房子小的人家，还要排个吃饭台子，足足把七路头的次间占用了板壁外的一半。好多人家只能在房子前搭出间披屋做灶头间。房子大一点的人家会把灶头砌在落叶屋的南半间里。20世纪80年代初，农村实行建房规划制度及农民新村模式，农民建房需获得村镇（乡）批准，解决了新中国成立前一直遗留下来的在自家的宅基地上扩建、搭建的传统习惯。兴建成俗称为大屋的住房与小屋的灶头间前后、左右分开的模式，使之灶头单独置于一间，统一为二十多平方米面积的灶头间，集吃、烧、储、息为一体，可那座汇烧、煎、炒、蒸的灶头始终坐落在窗口的有利位置，牢牢地掌握着灶头间的霸主地位。

灶头，本地极少人家砌个有三个大镬俗称三眼灶的，也极少看到称为行灶的单眼灶。绝大多数人家都是由砖泥砌就、石灰敷面而成的两眼灶，也就是灶面上有两个大镬，直径尺八以上的镬子放里面，称为里镬，尺六以下的镬子放外面称为外镬（也称大镬、小镬）。两个大镬中间安置三个水锅，边口的是个小镬子称豁镬，中间的是个口大底尖盛水量最大的称为锅子，最里边的像个橄榄球型称为汤罐，一般用作搁置水勺用。灶面用方砖或砖头砌成再刮平，灶边有些农家还用木材做成称为木灶围（音"迁"）的围边。灶基的灶前转角处会在灶体内置进一个称为脚灶甏的陶甏，只是把甏口露在外面。称为灶三堂的灶墙布置的是既美观又实用，一般的灶墙上会用板条分为一到两格砌出灶墙壁橱，灶君老爷居中，其余部分放置瓶、壶、罐、钵。灶墙的侧面也会砌出个小橱。灶后除了两个烧火门，当中还会在下部的灶体里砌出一浅一深两个橱。一个土灶头真是不简单，每个镬子各有分工，各个橱、格独有一功。大镬，烧饭、蒸糕，一般用于烧煮量大的，所以多数配置有沿板很高的称为气盖的锅盖。小镬，用于煎炒菜肴，当中的三个，豁镬可蒸、炖单个菜肴，镬子里的水还可吃可洗。中间容量最大且最易热的锅子里的水可泡茶、洗脸等，最里边的那个汤罐用来搁置瓢水用的广勺和铜勺，虽然里面的水不会太热，用作洗脸、洗脚总是可以的。灶三堂里一般都用于放置油、盐、酱、醋。脚灶甏的功能最多，由于甏内干燥，农家一般都会放易于受潮的如种子、火柴、糕饼等。灶后的两个橱，浅的放火柴，深的放火钳、退灰扒等家什。

　　砌灶头是一门独有的技术活。当年会砌灶头的师傅不在少数，但是砌的要让用户满意的不多。不是拔风不足，就是两个灶肚一个旺了另一个就不旺的相互欺火，不是锅子里水不烫就是豁镬里蒸不热小菜。砌灶头的师傅还有一个绝活就是画灶花。砌成了的灶头经用石灰粉刷好后还有最后一道工序，画灶花。师傅会从随身背来的工具包里拿出墨汁、颜料、毛笔等用品，分别在灶头的灶墙边上画出独有的像图腾、又像咒符一样的图案，在灶墙上画出鲤鱼等吉祥的灶花，写上诸如福、禄、火烛小心等的字样。又在灶君堂口贴上剪好的大红门纸。那个家家灶头间屋顶上的，高低都不是划一的烟囱，听砌灶头师傅讲，倒是技术含量很高的，它关系到灶头的拔风、吸烟、火头及雨天不会进水等。

本地人有句俗语："穷做穷，家里还有三斤铜。"这三斤铜的一半是在灶头上。那时灶头上的两三把铲刀是铜的，筒勺、广勺都是铜的，有的人家饭勺也有铜的，加上脚桶、马桶的铜箍，脚炉等，可见人们对灶头上的用具及饭菜的要求是何等的重视。

不知为何，我们本地人习惯把灶头后面称为"灶前头"。家家户户在砌灶头时，都会要求师傅：若有条件请把"灶前头"尽量放宽点。不过在日常生活中就能体现得出，烧饭先点火再下锅，把后头称为灶前头也就释然了。"灶前头"要放烧火的柴草，烧火的人须坐在凳上点火添柴，还有退灰、做柴草团。好多人家会趁停火后灶肚里的硬柴灰还红火，用陶罐往里炖个豆啊肉的，又香又热。记得那时一个宅上的人们相互之间乡土气很足，人情味极重。闲来无事总喜欢来来往往的互相串门嘎讪胡。挨门精、自搬凳！一到冷天，男人们总喜欢朝灶前头坐，其实是坐在烧火凳上灶肚里的余热让人又温暖又惬意。怪不得寒冷的冬天连猫咪也直往灶前头钻，得了个偎灶猫的美称。

20世纪80年代中后期，莘庄也有液化气供应了。我家也怀着对新事物的好奇心，托关系搞到一个份额。记得第一天拿回家，年迈的老母亲看着液化气罐和单眼灶头，绝对不相信能烧得了一家人吃的饭菜，坚决不同意把土灶头拆了。等几天一过，不由得啧啧称奇，心服口服！急着要求教给她如何用点火枪点燃它。进入90年代，家家户户基本上用上了液化气，不过仍有好多人家没有拆掉老的土灶头，继续为宅上人家操办婚嫁、丧葬等大事时提供方便。跨入21世纪后，莘庄地区的农田已基本开发征用殆尽，农村灶头彻底消失。等人们住进新建的居民小区，连刚享受了没几年的煤气也由天然气取代了。

看着厨房间里的不锈钢刀铲、不粘锅、电饭煲以及薄薄的砧墩板，哪里还有一件是铜的、生铁的？脑海里一个个当年烧咸酸饭（菜饭）、铲饭糍还有刮镬、做柴草团等等的灶头情感涌现在眼前。更没有当年俗话里说的，丈母看见女婿、铜勺铲刀做戏的乡情出现了。

是啊！旧的不去新的不来，一切都在改变，一切都在革新，那个朝朝相伴、日日相依的土灶头，只能成为我们这一代人脑海中永远抹不去的乡愁。

塘湾村校往事

曹忠伟

十多年前，随着"薄弱学校改造工程"的实施，散落于闵行乡村各个角落的村校，相继完成了它"教书育人"的使命。于是，那低矮的校舍，斑驳的墙面，简陋的设施，以及置身其中的种种经历，便成了心中永恒的记忆。

塘湾，曾经是黄浦江畔一个不算很大的乡镇，已于2000年并入吴泾镇，就曾经有过许多这样的村校。

英武小学："祠堂"边的银杏树

英武小学坐落于英武村，附近的人管它叫"祠堂"。"祠堂"占地不大，一排六间破旧的教室，砖墙一围，便成了一所典型的农村小学。学校唯一的亮点便是围墙边三棵有点年头的银杏树。谁也说不清它们到底有多大树龄，但的确堪称"古树"，因此成了重点保护对象，也一度成为英武小学的骄傲。

师范毕业的第二年，因英武小学新开五年级，我和一位同学便"有幸"与古老的银杏树相伴。第一次前往报到，沿着崎岖的机耕路，穿过零落的村庄，抬头看见那三棵兀立空中的银杏树下的灰墙，我就知道那就是以后天天工作的地方，心中便升起几分被"发配"的失落。

教学条件的简陋更是令人难以置信。砖头大小的放音机是唯一的电教用品，时常成为大家争先使用的抢手货。教室里，水泥砌成的黑板满是白斑，模糊的板书常常引来阵阵哗然；而墙上剥落的一片片石灰，也不时地激起阵阵惊恐；而那从瓦缝中钻进的缕缕光线和片片雨丝，更是平添了一份无奈和伤感。室外，并不宽敞的操场边，孤零零地站着一个篮球架。于是，投篮便成了课余唯一的慰藉。挺立的三棵银杏树，两棵已成为朽木，剩下的一棵也仅有一根枝丫泛着绿意。

耳听着老教师讲不完的祠堂和银杏的故事，一年的光阴悄然逝去，我也结束了这里的教学，调入了另一所村校。又是一年，一所崭新的学校在不远处拔地而起时，"祠堂"边就只留下那几棵毫无生气的银杏树在岁月中静默。

莺湖小学："交大"旁的遐想

告别了"祠堂"，来到了俗称"大莺湖"的莺湖小学。较之英武小学（习惯称其"小英武"），"大莺湖"的称谓名副其实。无论是校舍、操场，还是规模、历史，都是英武小学无法比拟的。因而，虽同为村校，但到了莺湖，总让人感到多了一份生机与活力。

从莺湖小学向西步行十分钟左右，便可以抵达上海乃至全国的一流大学——交通大学闵行校区。交大之"大"，显然是号称"大莺湖"的村校望尘莫及的。在莺湖的几年中，经常带着学生去那公园般的交大校园游览一番。一则是为学生提供学习作文的素材，二则的确是令人心旷神怡的好去处。漫步在宽敞无比的校园，流连于假山凉亭、校舍、小河、绿树、繁花之间，我不知道有多少同学因此萌发考取交大的志向。而我却莫名地产生这样的遐想，如果将交大的某一幢楼搬到莺湖小学，那该是一番怎么样的情景！

几年后，当东川路将莺湖小学与交大连得更近，而我对这所从教多年的村校渐生依恋时，它也被戴上了"薄弱学校"的帽子，悄然退出了历史舞台，伴随着它的是东川路上飞驰的汽车。

剑川路小学：儿时的记忆

剑川路小学，不熟悉的人一听这名字，定会心生好感，总以为那是一所城镇小学。虽然校名颇具城市风味，但它从来就是一所农村小学，且特有乡村气息：三面环村，一面环河，村外河边，就是无尽的田野。

我对剑川路的感情源于儿时的经历，因为我曾在那里读过三年书。那里原是一所中学，其两层的教学楼和宽敞的操场，在当时小学中堪称一流，恐怕连当时的中心校也相形见绌。在我们就读时，校园是极为"开放"的，没有围墙。随便哪个方向，都能找出几条通向校外的捷径。村民们散养的鸡啊，狗啊，也常常三五成群在操场上嬉戏玩耍。我们就是伴着阵阵的鸡鸣、狗吠和朗朗的读书声，完成了小学后三年的学业。

待到师范毕业后重返那里，母校似乎没多大的变化，只是四周多了一道围墙，校园添了一份宁静。几年后，当不远处那条与之同名的马路日显落伍时，剑川路小学上空的读书声也彻底消失了。

汤桥小学：曾经的辉煌

对于汤桥，我没有太多的亲身经历，只是在听课或监考时去过几次。十几间破旧的教室一字儿排开，长长的走廊好似长长的跑道。这样的布局为学校拓展了极大的空间，在我的印象中，这里的操场是所有村校中最大的。

就是这所村校，在办学的最后几年间铸就了塘湾教育史上的辉煌。先是成为上海县的示范村校，当络绎不绝的参观者惊讶于校舍的破旧时，不禁为学校突出的成绩所叹服。之后，学校因地制宜，创造"飞毽"奇迹。十年间，在市踢毽比赛中折冠无数。我想，当我们驻足于悄无声息的校园时，眼前定会出现毽儿翻飞的壮景。

十年不算很长。如果我再年长十岁，也许我能讲述更多村校从有到无的故事；如果我再年轻十岁，那我就只能在档案中寻找那些村校的足迹。时代前进的脚步谁也阻挡不了！

当我们从四面八方汇集于"撤四建一"的新校园之时，望着崭新的校舍和宽阔的操场，心中定有无限的憧憬。然而再续辉煌也好，重铸未来也罢，脑中一定会浮现出那"高大的银杏、翻飞的毽影"，那时，你或许会和我产生同样的感慨。

七朵金花

胡海明　高卢明

蒲汇塘位于市中心的西南方，横跨徐汇、松江及闵行三区，流经虹桥镇的河域距离并不太长，但蒲汇塘潺潺的河水却像母亲的乳汁，滋养着虹桥这片土地，不仅成就了当年遐迩闻名的上海"蔬菜之乡"的美誉，也孕育了浓郁的乡土文化——一曲由七位种田姑娘演绎的表演唱《种菜想着吃菜人》就诞生在当时的虹桥乡虹二大队。虽然时间会像每天的日历纸一页页撕去，但留存在人们记忆中的质朴明快的歌声是不会淡忘的，时时想

当年，七朵金花在虹桥乡的田间表演《种菜想着吃菜人》（邵海木摄）

1966年"七朵金花"参加第七届《上海之春》(资料图片)

起恍如昨天……

"太阳出来红殷殷,人民公社万年青,丰收山歌唱勿尽,越唱心里越开心呀……"这首创作于20世纪60年代中期曲调热情、自豪的女声表演唱,时隔五十多年后再次在虹桥镇文体中心回荡。七位当年的"草根演员"如今已是体态发福两鬓斑白的老阿奶,此刻相见感慨万千,也印证了龙应台的那句话,不是渐行渐远,而是有一天终要重逢。时间又把当事人的记忆拨回到那个火红的年代……

这首由当时虹桥乡虹二村七位十八九岁的小姑娘表演的表演唱名字叫《种菜想着吃菜人》,经"七朵金花"在村间田头朴素的演绎,立刻受到广大社员的喜爱,声名远播。在1966年上海市第七届《上海之春》文艺汇演上,"七朵金花"本色出镜:脚穿黑色布鞋,颈搭白色土布毛巾,伴着欢快的歌唱,惟妙惟肖地表演了菜农垦地、撒籽、踩田、挖潭、种

时隔五十年,"七朵金花"再聚首(资料图片)

菜、浇水、治虫、推车送菜等,由于表演的节目农耕气息浓郁,昂扬向上,一经亮相,立即受到广大观众的喜爱,并在全市引起轰动。当时上海的各大报刊、电台、电视台纷纷刊发新闻,真可谓报刊上有名,电视里有影,电台中有声。中央新闻纪录电影制片厂、上海电影制片厂还将女声表演唱《种菜想着吃菜人》拍成纪录影片在全国放映。"七朵金花"由此红遍大江南北。

时间的年轮转瞬到了2016年,退休教师王关弟受聘在虹桥镇镇志办负责群文部分的编撰工作。写群众文化工作,那么当年由虹二大队大队长殷文忠、虹桥民歌手余建光(又称"三毛哥")作词,莘庄公社项天旭、张煜邦谱曲的《种菜想着吃菜人》必须大书特书。在编撰过程中,王老师突然有一个大胆的想法，有没有机会让"七朵金花"在分别五十多年后又在表演唱的发祥地喜相逢呢？王老师的这个设想得到了镇相关部门的赞许，于是王老师在编撰镇志之余，开始了寻"花"行动。功夫不负有心人。在王老师不懈地寻找下，先后找到了已从教师岗位上退休的高虹清和家住万源新村的王慧芳，接着又通过曾担任过虹二大队支部书记的王永仙找到了王保英、王妹玲和殷美芳。而寻找邹妙珍却颇费周折。因其所在的虹南大队，20世纪80年代初行政区域调整，由当时的上海县划归徐汇区管辖，老宅也早已动迁搬离，但王老师并没有放弃寻找。他先去徐汇区虹梅派出所调阅户籍未果，又去闵行区虹桥派出所查阅。结果，在派出所零星的信息中查到邹妙珍是从虹桥公社三公司（今虹桥镇上虹公司）退休的，这个发现让王老师看到了希望。于是他马上去上虹公司，终于得到了邹妙珍的联系方式。

老友相聚分外喜悦。"七朵金花"身穿红衣，颈搭白毛巾，再一次向大家原汁原味地表演了表演唱《种菜想着吃菜人》，虽然歌声已不再洪亮，但欢快疏朗的音乐节奏却把人们的思绪倒回到那个火红的年代！

我的播音生涯

张琼花

20世纪60年代，通信落后，信息闭塞，尤其在贫困落后的农村，文盲率很高，广播便成为党和政府重要的宣传工具，也是各级宣传部门的重要抓手。对一个公社来说，广播员一职自然是十分重要的岗位。由于我是贫农的女儿，在当时看来政治上绝对过关，加上嗓音条件又比较好，因此在组织推荐下，我从公社农科所被调到了马桥广播站，由一名农技员成为播音员。这一干就是35年，从18岁直到退休，可谓是在广播战线上奋斗了一辈子。

第一次走进广播站的时候，心情既兴奋又害怕。兴奋肯定是因为没想到，这机房里有那么多我从来没见过的机器设备，但想着将来自己都要学会使用，还要对着话筒做直播，大家都会听到我的声音，心里就很害怕。还好那时领导和同事很照顾我，通过不断的鼓励和安慰，我的心情渐渐平静下来了。

我每天听县、市播音员老师的播讲，每月去县、市培训学习，还要学习写广播稿，虽然忙碌却很充实。记得当时马桥公社有20个村，200多个生产队，村村队队都有田头高音喇叭，每家每户都有小喇叭，当我的声音一播出去，干部社员都反映很不错，纷纷表示："新播音员的声音真好听！"听到这些表扬后我便更有了底气和信心。

当时站里只有3个人，站长、负责维修的技术员，以及我这个唯一的

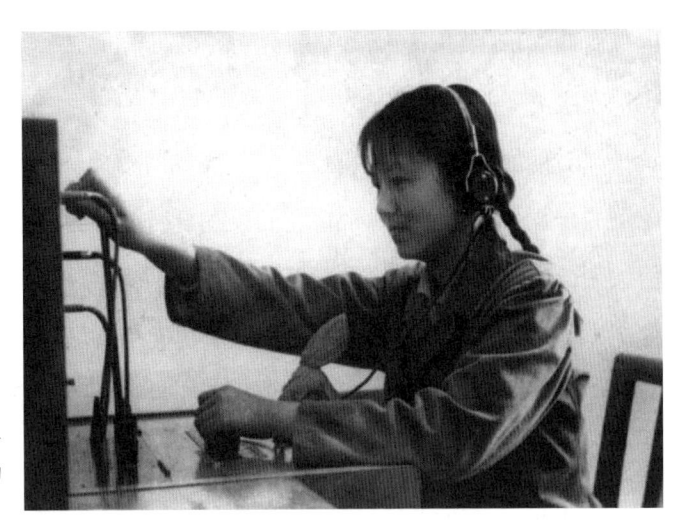

对当时的公社来说，广播员一职是十分重要的岗位（资料图片）

编辑。每年"三抢"大忙期间都要播音五次。分别是早上4：30至7：30；上午8：30至9：30；中午10：30至12：30；下午2：00至4：00；晚上5：30至9：00，虽然天天如此，但也从来不会感觉寂寞无聊，因为我经常还会去农村采访好人好事，与当地农民百姓唠唠家常，这样也给平淡的生活增添了不少乐趣，同时也结交了许多好友。

整个农村地区就靠着广播喇叭这一根线，上传下达。根据公社党委的要求，每天播放的内容基本都是党的方针政策，积极宣传生产形势、农业科技，以及各种新鲜事、好人好事，有时还会播放老百姓喜爱的沪剧、歌曲等喜闻乐听的文艺节目。广播喇叭还代替了老百姓现在的时钟。我每天4点15分就要起床开机，4点30分播出去，所以我的床头放着一只闹钟，就生怕睡过头误了事情。没想到有一次不小心调错闹钟，3点30分就把广播放出去了。当时有干部社员立马打电话过来问道："今天的广播怎么提早了一个小时？"我害怕得连忙打招呼道歉，并马上关了设备。从此以后，我做起工作就更小心翼翼，紧扣时间点，所幸在后来30多年中再也没发生类似的事故。

那时候的条件比较艰苦，广播设备相对较差。站里只有2台很大、很笨重的台式录音机，我时常将它们放在自行车后面的架子上，骑着到各个村去采访。晚上回到家后继续编辑，写第二天需要的录音报道内容。做这些工作时常令我忙得满头大汗，但是当把亲手写的稿子在第二天节目中播放出去后，乡亲们都说效果很好，这也让我心里总是甜滋滋的，觉得付出总算都有了回报。

1980年，马桥开始发展工业生产，原站长被调去电子厂当厂长，我也就应组织要求担任起了广播站站长一职。我带领站里的同志和各个村的广播通讯员、广播维修员一起共同努力工作，在上海县广播系统年终评比时，马桥广播站连续2年被评为管理、编辑、技术全能第一名，得到了领导和群众的好评。

对我而言播音不仅是年轻岁月的一种缅怀，更是获取知识的重要渠道。多年来这份经历一直深深印刻在我的心头，就算如今我早已退休，却依然发挥着余热，积极参加社区文化活动，让我的晚年生活同样丰富多彩，充满活力。

第二部分　农事琐忆

"谁知盘中餐,粒粒皆辛苦。"农事是当年乡村的日常,农耕生活让闵行这片沃土充满了勃勃生机。勤劳质朴的乡亲面朝黄土背朝天,春耕、夏种、秋收、冬藏,历经"三夏"的忙,"三抢"的累,洒下辛苦的汗水,把四季耕耘成饱满的庄稼,生动了一年又一年真实的岁月。

忙碌在田间地头

邵嘉敏

作为一个土生土长的闵行（那时还是上海县）莘庄人，我在20世纪70年代刚读完中学便回乡务农，所以对田间地头的"生活"自然是十分的了解，比如三麦（大麦、小麦、元麦）黄了，油菜结荚了，要夏收；早稻、棉花要育苗、播种，叫夏种；种下去的秧苗要及时管理，称夏管。"三夏""三抢""三秋"，除了春耕备耕和冬天兴修农田水利，这几个大忙是最苦。除了这些，还有许多农事现在回忆起来，依旧历历在目。

冬日弄土

泥土，农人与它打着一辈子的交道，是农人的命根子，离开它不能生存。相比春天泥土的清新、芬芳，夏时泥土的炽热、奔放，秋季泥土的成熟、雅致，冬日的泥土却别有一番风姿，它内敛、蓄势，孕育着来日的奋发。别说冬闲，农人对冬日的泥土自有独特的侍弄。

冬日的泥土，除了越冬作物，看上去是荒芜的，残草枯叶，凄凉萧条，但不要责怪它，这是它的休整，相信过不了多久，它定会绽出一片葱郁新绿。此刻，农人们照样是忙碌的。

首先是翻耕。农人是惜土如金的，也了解土地的脾性。一般都要排好茬口，或轮作，或套种。对留出的秧田、麦田垅（按垅种植麦子，待麦子收获时，垄里套种的西瓜甜瓜正好爬藤），冬日里是要进行翻耕的。让土地经受霜雪冰冻的洗礼，冻死病虫，感受阳光紫外线的照射，土地会变松变肥，其中的元素变得更适合作物的生长。

冬日弄土，最有计划成规模的是开河，所谓"水利是农业的命脉"。我参加过有数十万大军参战的市级淀浦河、大治河，数万人上阵的县级竹港、横沥的开挖疏浚和后勤保障，公社级的就更多了。从20世纪70年代到90年代，冬日里没有停过一年。开挖疏浚河道的泥土，那是丰富多彩的了。根据不同的地域、土层，有褐、黄、紫、黑等颜色；有熟土、僵土；有青紫泥、流沙泥……不同的泥土有不同的特点，用不同的开挖方式，也有不同的去处。农人们沉浸其中，饱尝着侍弄的酸甜苦辣。

1977年冬，大治河开挖现场照（王荣涛摄）

冬日，是平整土地的好时机。上海市郊，即使在我等成为农人的20世纪60年代初，许多农田还是七高八低、七大八小的。突兀高出的称高亢地，它灌不上水；低的排不出水的叫低洼地、"箱子田"。这都会影响种植继而影响收成。农人们借冬日，作局部平整。这可是个力气活，即使是寒冬腊月，内衣还是湿漉漉的。人们用最古老、传统的铁搭垄地把泥装入畚箕，一担担地挑走。有人手上虎口裂开了，有人肩胛磨破了皮。到20世纪60年代末才有了拖拉机的帮忙。

庄稼一枝花，全靠肥当家。刚平整过的田地，肥力更是贫瘠不足的。冬日，最传统、最经济、最有效、也是最费劳力的办法是上河泥。一种是罱河泥。农人撑着小船，捋着冰冷的甚至结有薄冰的竹篙，用罱网把日常世久积存在河底的污泥罱入船舱，满舱后用滑抄拷到延浜的滩基里，再用粪桶挑到田头，对已种的麦子油菜等作物浇上泥浆。这对作物来说，既是上了滋补品，又盖了棉被。再一种方式是车干河浜，男女老少齐上阵，干湿河泥都上岸。当时有沪语歌曲《社员挑河泥》唱响市郊："社员挑河泥，心里真欢喜，扁担接扁担，脚步一崭齐。挑过小麦地，穿过油菜地，菜花蜡蜡黄，花香醉心里。眼看小熟长得好，我伲浑身添力气。为了水稻大丰产，勿过清明就运肥。勿怕汗水湿透衣，劳动号子震天地，今朝挑来千担肥，粮食丰收在眼前。"虽然其中的描述有商榷之处，但确实，社员头上冒的是热气，脸上、背上流的是汗水，冻得红肿的手指，手掌里满是裂开的尺纹，嘴巴里喘着粗气，可眼睛里看到的分明是土地的回馈。

乡村冬日的泥土是悄无声息的。它腾挪着方位，变换着身姿，或躺着、或卧着、或依着、或撑着，既有挪移的生疏，又有翻腾的喜悦。是的，土地无语，但土地有情。农人甘与土地为伍，与之亲近，说到底是为了生存。

沪语歌曲《社员挑河泥》

冬日弄土是善待它、感恩它、回馈它，让大地上的人更好地生存。我当年感觉没有这般深，只感叹农人苦、累，及至有了这般感受的时候，这里已经逐步深度城市化了。我追念着对这片土地的恋，并将永远挥之不去。

罱泥沤肥

此肥非为当今人们热衷的身材减肥之肥，而是肥料之肥。

俗话说，庄稼一枝花，全靠肥当家。农人们是惜肥如金的。新中国建立后，农业的"八字宪法"，"土、肥、水、种、密、保、管、工"中，"肥"列重要位置。20世纪六七十年代，在市郊，一年四季总要搞几场有声有势的积肥运动。初春时节，田埂上还少有青草，农人们把视角伸向城市，菜场边、垃圾桶里菜皮甚至煤球灰，只要能沤制肥田的都要。等春暖花开草木生长旺盛些，此时我们这些个八九岁的小学生上学去，也是要交几斤青草算是出力尽义务的。夏日炎炎之季，田里紫云英（本地俗称红花草）一片碧绿，河浜里水葫芦、水浮莲蓬蓬勃勃，那是沤肥的好时机。秋收之季，树叶落下了，稻谷收成后的乱柴瘪壳，填入牲畜棚舍，经牲畜拉屎拉尿践踏，形成塯肥。每个农忙之前，队里总要安排劳动力，把每家每户牲畜棚里之塯，经过一担一担过磅后挑到田头积肥潭（为啥要过磅？因为要凭此记工分，上"经济手册"，到年终结算），与紫云英、杂草等夹杂着，加以罱起的河泥，放入积肥潭沤制，待上茬作物收起后垩入大田，以期来年好收成。即使在寒风刺骨北方农人猫冬休息的寒冬腊月，我地农人还要在麦田、油菜地、棉花垅里挑上河泥浇上泥浆为作物增施有机肥。农人们把这当作对大地的回馈和报答。

队里的粪池是个宝，日积月累的东西除了集体土地上统一施用，一般一至两个月有一次"放粪"，社员可以凭票限量施用到自己一亩三分自留地上。遇到此日，犹如过节，家家户户倾巢而出，满村一个味。农人们从此味中闻到的是来日作物收获时的芳香。

有时还要"驳粪"。从市区白莲泾、日晖港等码头用四五十吨的驳船运出的市民们产生的大粪，趁潮水经黄浦江运到较大的支流，小河浜进不去，队里就用七八吨的船去驳。70年代初，还少有电力机械设备，只能靠人工用粪勺一勺一勺地拷。运回队里还要一担一担通过才三四十厘米宽的狭长湿滑的跳板驳入粪池，脚花一软跌落河里船舱粪池里是常有的事。

此时为啥不用化肥？化肥还是用的，但用得较少。一是贵，二是作用有限。肥田粉飘飘，氨水浇浇，弄得不好到头来稻穗是不弯腰的。花了冤枉钱产量提不高，作物吃口差。老农是不做这种傻事的。

当下，人们青睐有机食品，但保持有机，确实是要付出艰辛代价的。没有有机肥料之垫基，哪有稻米瓜果之飘香。再往深处看，其实是保持环境友好的大问题。种瓜得瓜，种豆得豆。没有付出，哪来收获。绿水青山就是金山银山。我想，这朴素的道理里面是蕴含着深深的禅机哲理的！

当家挑担

种田人，少不了挑担。

挑担靠肩胛，先要练肩胛皮。想我十多岁人还没扁担长，就帮大人挑水、挑粪。挑不起一担桶，就装半桶。14岁读完中学回乡务农，初生牛犊不怕虎，啥个重担都挑，靠肩胛挣工分。初练，薄薄的一层皮，扁担搁上去就硌痛，时间稍长会起泡，会磨破皮。破了再磨，一次又一次的磨压，肩胛皮就厚了，就有韧性了，就耐磨耐压了。

挑担当然要练肩胛肉。皮连着肉，随着皮的增厚，皮下的肌肉也会变得有弹性，出现硬邦邦的栗子肉。夏天赤膊，常用一个肩胛挑担的人，这个人的这个挑担肩胛就高。这不是生来就畸形，这是劳作、生活压迫出来的印记。

挑担更是练骨头。皮肉里面是骨头，肩胛骨还联系着腰椎、脚骨。

大忙期间，在田间挑秧的青年人（资料图片）

俗语"骨头绝细，力气有兮"，说的是虽然骨骼不很粗壮，但经常年累月的磨炼承压，筋骨硬挡。我挑担时尽管骨骼尚未完全长成，但看着奶奶颤颤抖抖亦步亦趋地挑担，作为大孙子义无反顾地去承担。所谓"穷人的孩子早当家"，这个"当家"先要能挑起担子，现实的或是责任使命的。

一年三百六十五天，不管天好雨落，农民没有礼拜天、休息日。

寒冬腊月，冰天雪地，要罱泥浇泥浆。沉甸甸的、从河底罱起来的泥浆，从浜滩边的泥潭里用粪桶挑起来，一脚高一脚低向着麦田泼洒开来，为麦苗盖冬衣、保水分、增养料、施压力，促其茁壮。再有，兴修水利开河、方便通行筑路、平整农田土地，在机械化不曾普及的20世纪六七十年代，只能靠肩胛。

春暖花开，农民顾不得欣赏大好春光而忙于春耕。挑垃挑肥，虽黑虽臭，但这是为土地垩足基肥、垫足养分；挑谷挑种，育苗移栽播下希望。待禾苗茁壮成长时，我们也挑化肥，雪白的是碳酸氢铵，灰色的似水泥状的是过磷酸钙。这是为作物追肥。

夏暑炎热，时值推行的双季早稻已经成熟，割下后用传统的担绳捆扎不便，就设计出了用毛竹片或铁丝制成的夹子挑稻。上午割稻，下午挑稻，傍晚又在收拾好的田里挑塬，晚上耕翻，明天清晨就是拔秧挑秧种秧了。在水田里挑塬挑秧，被蚂蟥叮、被蚊虫咬是常态。有时被碎玻璃、碎碗片割破，既流汗还流血。尽管痛，破衣裳上撕条布扎一下，也没太当回事。偶尔被蛇咬，是水蛇，水蛇一般不咬人。要么是火赤练，那就快点要当桩事体。近点到大队卫生室处理，严重的要到专治蛇伤的松江华阳桥去看。那年我弟被蛇咬了，腿上清晰印着四个蛇齿印。我连忙用绳扎住其伤口上部，防止向上扩展。然后骑着脚踏车，带着他赶到华阳桥医治。还好算及时，控制住了难以想象的后果。

秋风起，霜降临，晚稻收割了，又是扁担不离肩的日脚。晚稻比早稻长，挑稻用担绳捆扎。装担时也有点小讲究，三五个稻箩为一皮。不能捆成一球，既难看又难挑。要减少宽幅、增加高度，但也不能让沉甸甸的稻穗拖地。这样，既有形又借力。

挑得多了，老农指导、自己摸索，慢慢成熟。挑担要会转肩，左右肩轮着用。扁担软硬长短要适中，五六十斤，七八十斤，选用毛竹扁担或小树扁担，轻巧、弹性足。一百斤朝上，必须是树扁担，榆树为上。可以是略微朝上弯曲的，称翘梢扁担。负重后一步一沉再一弹，可借弹力稍稍减轻实际负重。

挑过担的人都晓得，挑担是苦恼的、苦涩的、苦累的、苦难的，途中卸肩胛（撂挑子）、不吃硬的"黄牛肩"是被人小看的。"能挑千斤担，不挑九百九"，吃足分量的挑担中，农民滴下的是汗水、是付出。挑担是苦，但也能苦中寻乐、作乐、享乐。重担挑到目的地，空身再出发时是轻松的、欢快的、喜乐的，因为担起的是收获、是梦想。农人有熟语："看人挑担不吃力，自上肩胛嘴要歪。"后来逐渐体会到，千万不要小看挑担。遇担要承担，决不能卸肩。挑担是负重，是磨炼，是付出力量和汗水，是承压苦难挑起希望。担子愈沉，磨砺越坚。

如今我曾经挑担负重的那方土地早就城市化了，也好多年不用上肩挑担了。但那些年担不离肩、负重不息的烙印却深深地刻在肩胛骨里，它帮助我承受人生的负重，任凭岁月蹉跎流逝，怎么也磨灭不了。

罱河泥

彭瑞高

罱河泥这活儿,现在能干的人绝少了。撒了几十年化肥,地皮早已板结,村里人念想当年河泥,也是常理。

河泥肥力厚,尤其是藕塘里的泥,更是肥得流油。它黑得像沥青,软得像发面,不去动它,很静;一动它,咕噜噜冒泡;罱上岸来才看清,那河泥里含着许多气泡,形似蜂窝,因此村里人又叫它蜂窝泥。蜂窝泥有一股莲藕烂去的香味。夏天荷花残败后,与叶子梗茎一道烂河底;鱼虾粪也沉落河底,这些东西加上草萍、烂壳,积压多年,合成蜂窝泥,这有机肥的肥力像中药,哪是化肥及得上的。

要施蜂窝泥,离不开罱泥船。这是种小船,没篷没橹,纯粹秃船。可别看是秃船,在罱泥汉眼里,它分量很重。夏秋没罱泥活时,主人就会把它抬上岸,在过弄里摆两只长凳,搁起了慢慢阴干;阴干后还要找出缝隙,细细嵌上猪血老粉,刷几道桐油,弄得像新船一样。这样做,也有辛苦了一年,让老伙计养息一番的意思。

说罱泥船是秃船,还有一点就是说它连柄篙子都没有。罱泥汉是用滑泥锹当桨,左一下右一下划着走的。因为河塘都不大,离村又近,船上一切都可简省。只有一样东西——罱泥兜,那是马虎不得的。

罱泥兜也叫"哈兜",竹制,后来才改成尼龙制。两片哈兜先装在两根短竹竿上,再接上两根长竹竿,一交叉,就成了罱泥兜,样子有点像冰

罱河泥看着简单，其实需要巧劲，不是人人做得的（资料图片）

淇淋夹子。罱泥时，两手握长竹竿，把哈兜探入河底，夹拢长竹竿，底下的哈兜就夹满河泥；再一使劲把哈兜提出水，长竹竿一分开，兜里的泥就落进船舱。这活儿看着简单，其实需要巧劲，不是人人做得的。

有的年轻人不服气，也要上船试，那就往往出洋相。罱泥汉碰上这种愣头青，一般先不动声色，在岸上点支烟冷冷地看。后生不知深浅，常常一夹子把哈兜插得老深，却夹起一兜空水来。罱泥汉这时就背过脸去偷笑。年轻人好不容易夹上一兜泥，想罱上来显功，却往往因用力过头、失去重心，丢了竹竿哈兜，在船板上划手划脚嗷嗷叫，直至扑通一声栽进河里为止。这时罱泥汉才丢了烟头，把滑泥锹伸过去，把落水后生拉上岸，然后跳上船，罱几兜泥来给他看。那目光分明说："'罱、撒、耘、筛'，自古以来就是一等农活，你以为河泥就那么好罱么？"

河泥宜作基肥，施下去后，土层很快见松。不过单施河泥，肥力犹嫌不足，最好是"三合一"，即一层红花草，一层猪塒，再加一层蜂窝泥，这样层层覆盖、闷压、发酵，肥力才厚实。在庄稼旁挖上浅沟，埋入"三合一"，只消一两场透雨，那肥力就会渗出来。雨后阳光下，庄稼叶子越来越油光；扒开土一看，根须都悄悄向"三合一"这边伸来；土松湿了，蚯蚓也滋润了；透口气，就能闻出大田有股河泥的余香。

枕着河泥长成的瓜果稻麦，壮实饱满，成色好，细细品有甜味，上市能卖好价钱，留作种子，也叫人放心。

战风车

褚半农

　　风车，在我家乡被叫作风打车。风打车，风打车，风打在篷上，篷跟着风转圈子，就带动车轴、拨舵，带动连头板子把水打上来。一桩需要非常大、非常多力气的农活，就这样让风轻松地代替人，代替牛做好了。风打车这名字也名副其实，风车本是个懒汉，风车只有被风打了，它才转得动。风打得厉害，它就转动得厉害，风车样样事情都要靠风来催促，来鞭打。它听风的指挥，要它慢，它哪敢快；要它快，它就转得让人看不清上面扯了几张篷。而人为了不让它懒惰缠身，就千方百计要它听从风的

传统的风打车（资料图片）

指挥。为了调动风车听话的积极性，人每天都要把它服侍得好好的，移动撑脚架，让篷对准风向，风可以打得准些；要估计好当天的风力，来决定扯两张篷四张篷，还是六张篷全部扯上。人在风身上动足了脑筋，既要让风打，又要让风打得恰到好处。等把篷扯好，你走吧，该干什么就干什么，风车乐意被风打着，悠哉悠哉地转着，它会把河里的水徐徐地送进稻田里。

风车是人造出来装起来的，虽然它懒性十足，毕竟是一家，关系自然好，但人不易同风搞好关系，说到底，还是风不愿意同人搞好关系。风仗着走南闯北的经历，从来不把人放在眼里的，更不把风车放在眼里的。结果呢，每天总要有些小麻烦。移撑脚架时在吹东风，见人走了，它吹起东南风了，有时竟莫名其妙地吹起西南风来，你得回去重新移正撑脚架。还有，早上扯好了四张篷，风力正好，等一会儿得再加两张篷。有时候呢，风车转了一天都是好好的，傍晚时，突然起风了，无数道风像鞭子一批接着一批地把风车抽打得团团转，抽打得急急转，懒惰惯了的风车哪能吃得消？这时候，就得上演一出紧张的战风车了。15岁那年秋天，我参加过一次战风车。

那天下午，我和阿顺林俩在为黄芽菜定苗。那些条播的黄芽菜出得不太匀，有的地方还断垄了。我俩的任务是把密的地方拔稀，缺的地方补种上。阿亚头紧跟在后面浇清水粪。我们不喜欢同大人一起干活。没有大人在，我们三人感到非常轻松，别的不说，光是说起话来我们就可以乱话三千了。话不投机，还可以打打相打。没有这些，一个下午太沉闷了。刚才，阿顺林拿起一棵带着大泥块的黄芽菜苗，偷偷地扔进了阿亚头的粪桶里，清水粪溅到了阿亚头的裤子上，阿亚头急忙舀起一勺粪水，朝阿顺林泼去。阿顺林跑得快，没有被泼到，借着突然吹过来的一阵风，我却揩了不少油。正在阿亚头想再用什么办法报复时，突然传来了一阵急促的声音："风打车下舵了！风打车下舵了！"几个放学回来的小孩在路上走着，其中不知是谁发现风车下舵了，就惊叫起来。听到他们的急叫声，我们转过头看去，真的，风车被风打痛了，四张篷转得飞快。可今天的风还不算大呀，一定是断了连头，板子掉在水箱里，当然无法带动了，水也自然抽不上来了。风车没有了负担，在起劲地空转。碰到这种情况是很危险的。如果风稍大一点，打在篷上稍用力一点，中轴转得飞快，拨舵转得飞快，眠轴转得飞快，弄不好，风车要拆板脱了，那后果简直不堪设想。这时的风不是打在风车篷上，而是打在了我们三个大小孩身上了。

突如其来的紧急让我们顾不上纠葛了。阿亚头丢掉了粪撩，我和阿顺林丢掉了小刀，三个人一起飞快地向风车跑去。阿亚头到底比我们大一些，他跑在最前面。我们面前的四张篷就是四片巨大的风扇，在发了疯似的狂转着，呼呼的声音打破了这个下午的沉寂。我们也因这声音而心情激动、浑身紧张。阿亚头迅速爬上四架脚，急忙去拉落篷线。那篷在空中转成一片，让人感到风似乎更大了。落篷线一根根就在阿亚头手头，像要抓到了，"劈"的一声，阿亚头的手被弹了回来，篷又飞过去了，落篷线也飞过去了，风车转得太快了。"天呐，发神经病了。"我们在下面急急地喊着当心手当心手。"啪"的一声，阿亚头抓到了一根落篷线，使劲一拉，一张篷落下来了。他再候准机会，又抓住了一根，我们只见他用力一扯，篷却没有落下来，阿亚头的手里倒拿着一根线头子，可能是他太用力了，落篷线竟被他扯断了。只落掉一张篷的风车仍在逞凶，风车转速一点也没有减。风车呼呼的声音还是那么响，是它被风打得太厉害而痛得极叫，还是难得有次机会可以这么疯狂而高兴，谁也不知道。我们面前的事实是，几片白色的巨翼带动中轴、拨舵在空转，谁都近它不得。

阿亚头从四架脚上下来，想用丫枪顶住正在飞速转动的风车，但没有成功。丫枪被篷一起带到了半空，又从半空掉了下来。这样做太危险了。正在没有主意时，阿顺林大声说："快移动撑脚架，方向不对了，风车就不转了。"是呀，我们一急，竟把大人常做的动作忘记了。我和阿亚头立即跑到了右边的撑脚架边，用力搬动它，我们俩把力气加在一起了，还是太小，只移动了一点点。照理说，我们完全能移动撑脚架，只是今天的风实在太大了，它使不停转动的篷增加了无数的重量，在今天的风面前，1+1没有能变成2。这个时候我们才觉得有大人在是多么重要呀。阿顺林也过来帮忙了，三个大小孩费了好大的劲，还是不能将两只撑脚架完全改变方向。篷欲停，风不让。风车还在飞快地转着，车轴啊拨舵啊发出的完全是一种干枯的极叫声。

在高大的风车面前，我们三个人好像更显得小了，一时也想不出好办法来，悻悻地坐在四脚架上，我们想还是等风小一点后再落篷吧。可那风本来不和我们一条心，这回更是像存心同我们作对，还是那样得意，继续刁难我们。我们看看周围，今天的大人不知到哪里去干活了，附近看不到一个人。三个人你看看我，我看看你，都说这样下去总要出事的。想到刚才阿亚头一个人抓不住落篷线，我就说，那我们三个人一起上去吧，一起抓，总能抓到一根的。阿亚头先上去了，我和阿顺林也上了四脚架。我抢先和阿亚头面对面站在一根横档上，阿亚头对我说，注意，你看到我抓哪一根，你也抓哪一根。我大声回答说知道了。一张张白篷在我们面前一掠而过，转过了一圈又一圈，我们两人的手伸了好几回，也被弹出了好几回。"快拉呀！"阿顺林急得在催了。阿亚头看准了一张篷，在他伸出右手的同时，我也伸出了左手，两只手一起抓住了一根落蓬线，几乎在同时，两人一起用力，"啪"的一声，篷终于又落下了一张，可那根落蓬线也被我们俩扯断了。不过现在没有关系了，我们也不怕了。落掉两张篷的风车转速明显减缓了，除非是风力再加大，风车不会出什么事了。接着，阿亚头又落下了一张篷。

我们从四脚架上下来了。最后的那张篷，孤零零地转到下面后，除了左右来回晃动，它没有别的本事了。阿顺林用丫枪敲下了那张断了线的篷。战胜了风车的我们坐在四脚架的横档上休息，看着刚才还张牙舞爪的风车这时也静静地站着，像一个犯了错误的孩子，一声不响地静静地站着，好像要准备接受一顿臭骂。骂风车有什么用呢？又不是它要这样。骂风吧，可骂风更没有用，闯祸的早已不知去向，那么，只好骂管风车的阿兴了。过了一会，管理风车的阿兴来了。我们三个大小孩把他这个大人真的臭骂了一顿。阿兴也不搭理，一脸的憨笑。或许他原本是想表扬我们的，被我们这样一骂，他只好把表扬的话咽了下去。其实呀，只要他讲些好话，哪怕是一句两句，我们也不会再骂下去的。阿兴这个大人啊，真戆！阿兴在骂声中把断了的连头修好，把落蓬线接好，又把篷一张一张扯上去，风又来打它了，风车呢，刚才的一切早已过去了，又神气活现了，好像很高兴的样子，喜颠颠地转开了。

我和阿顺林又去给黄芽菜定苗，阿亚头又去浇粪了，自然，我们的话题转到了战风车上。阿亚头有没有想出好的办法来报复阿顺林？等阿亚头想把话题转过来时，收工的哨子响了。这件事也只好等以后再说了。我倒也不在乎，这个下午，因为战胜了风车，不，是战胜了风而显得轰轰烈烈，这还不够吗？

大暑过后是立秋

褚半农

我们的祖先在一年中安排了二十四个节气,实在是为种田人提供了极大的方便。像是按照造物主脾气制定的一份全年工作计划表,某个节气一到,农民就知道应该做什么了。据说二十四个节气是当时的中央政府颁布的,是以中央政府所在地洛阳为标准的。这样,虽有些节气所出现的物象、物候与当地情况相吻合的,如"夏至""冬至"两个节气。夏至以后,白天一天天短起来,到冬至这一天是全年中白天时间最短的。过了这一天,晚上一天天短起来,到下一个夏至又是全年中晚上时间最短的。也有很多节气肯定与当地情况不相符合的,如"霜降",有的地方还没有交这个节气,早就浓霜满地了,而像广东这些南方地区,它是全年无霜的。这种事实上的偏差倒并不影响农民耕种,因为几千年来,各地产生的农谚补充了某些不足,二十四个节气本来就是纲目式的。

在我懂事后,尤其是当上了人民公社小社员后,耳濡目染,对节气的到来,从不太在意,慢慢地有所注意了,也知道了里面蛮有名堂的。你要做一个农民,尤其是要做一个合格的农民,对二十四个节气一定要牢记在心的。生产队里的事有队长,自然不用你管,事实上你也不会管。老农们会说,你背得出二十四个节气吗?老三老四的。一句话就把你问瘪了。可家里那几分自留地也是和节气搭界的。春来了,风暖了,草绿了,花开了,清明到了没有?你要记住,哪怕是寒食节到了,天气已温暖了,你要播种子的话，就请暂缓吧。不记住这一点，早早播下了种，等到那种子从地里探头探脑钻出来，高高兴兴地东张西望时，冷不防被某个早晨的霜冻打蔫了，你可别怨老天不客气。因为老祖宗早就有言在先：清明断雪，谷雨断霜，谁叫你同节气对着干。

也有对着干的，而且越来越多。晚稻插秧最迟要在夏至这一天结束，老祖宗总结的"夏至日收秧疤"这句话总是有它的道理的。什么"人有多大胆，地有多高产"，这也是农谚，老祖宗总结得出吗？秧本来已经插好了，外地却传来了高产放卫星的经验，说同样一亩地，密植的亩产可达到几千斤、几万斤甚至更多。我们为什么做不到？有人指挥着大家把已经插好的秧拔起来，不留空隙，一棵挨一棵地重新栽到一塘田里。指挥的人说了，谁规定的秧苗一定要留空隙，插秧时留空隙，就等于收割时少收粮食。秧不够，再把另外几塘田里的秧也拔起来插进去，最后是把18亩田里的晚稻秧全部合并种到了一亩田里。得风气之先的举动还引来了无数的参观者，着实让指挥者风光了一段日子。这一塘田的插秧就用了好几天才完工的，这个过程农民只用一句话就概括了：几塘田里的秧种在一塘田里。可收成却不是18亩田的总产量，地方志上说是"实收秕谷100斤"。

岂止是节气，连造物主也无奈了，自叹不如了。

人也由此变得无所顾忌了，天不必怕，地也不必怕了。

一进入秋天的"白露"节气，农民就希望天天出太阳，一点小雨也不要下。一句"白露里的雨，到一处坏一处"的农谚，让农民时刻提防那个季节里的雨。也许那时正值晚稻抽穗扬花，不知人情世故的白露雨会把稻穗上花粉冲掉了，应该丰满的稻谷以后都要成瘪谷了，一年的收成落空了、泡汤了，农民哪有不恨之理？可这样的恨有点问题，在晚稻扬花季节

拔秧（资料图片　选自《上海建国十周年画册》）

里，白露雨是不会连续下它个十天八天的。要这样，它们的工作量太大了，它们会因工作太累而想安排休息的。再说稻穗扬花受孕只是性的繁殖，又没有多少爱和浪漫细节，那更得抓紧点时间，传宗接代这种事本来都是见缝插针进行的。天底下的植物多着呢，对你不利的事，对其他不一定不利。那时还是冬菜种植季节哩，怎么不需要水呢？实际上，农民只是一代一代把这句农谚传下去，或者是在骂人时把这句话搬出来，除此之外，对白露雨并不见得有什么深仇大恨。倒是另一种雨，农民们更恨。它可以不分春秋，可以不管寒暑，谁也不知道它什么时候过来，且破坏作用立竿见影。这种雨过后，菜叶子上，树叶子上，顿时立刻有了反应，先是出现一块块的黄斑，好像铁锈水一样。满是绿色的整块菜田里，铺满了黄色的疤痕，而后是慢慢地烂掉、死去。种了十几、几十年田的农民们不懂呀，这是什么雨？到一处坏一处的白露雨也没有这么大的杀伤力。大队干部不懂，公社干部也不懂，只有农科所的人懂，他们说这就是酸雨，前段时间广播里早就讲过了，主要是人为地向大气中排放大量酸性物质所造成的。这种雨里含有硫酸，滴在衣服上也会有黄斑，滴在铁器上马上要生锈、烂掉。对呀对呀，怪不得生产队里的那辆拖车上都是锈斑，坏得这么快，酸什么的雨力道怎么这样大呀。唉，躲也躲不掉，防也防不了，今后这田怎么种呀？人能不顾季节制造新的白露雨，够大胆的了，但人，尤其是农民，在二十四个节气前也有依顺的时候，那就是"立秋"这个节气。

立秋之前是大暑。大暑是一年中当地最热的季节。这段时间原本是农闲，自从这里一年改种三季粮食作物后，大暑至立秋内要抢收早稻，抢种后季稻，成为全年中农事最忙，任务最重，也最艰苦的"三抢"季节。每天的气温高达三十四五度，后季稻的插秧任务再重，也一定要在8月7、8日交立秋之前完工。

立秋时刻虽说是铁定的，可没有人能看得出来，它没有标记，也没有声音，更没有颜色。人们只是从日历上知道，今年是几点几分交立秋。那一刻到来时，天是蓝的还是蓝的，吹来的风是烫的还是烫的，横塘里的水还是不紧不慢地向前逝去。它来时没有前兆，去时也没有踪影，就像七点过了是八点，上午过了是下午一样，一切都和平时没有什么两样。但造物主用一把刀，一把凡人看不见的刀，生生地在那个时刻斩了一刀，把它分成了立秋前和立秋后。就说那年吧，8月7日十五点二十七分就是造物主砍下的刀印，是个界限。你是种田人，你就得记住这个时间。眼前的插秧，就不好自说自话越过界限。这是每年"三抢"中插秧的最后截止时刻，只准提前，不准滞后，这叫"只脱时辰、不脱日脚"。对这一时刻的重要性，我也是在参加了好几年的"三抢"后才有所领悟的。记得有一年"三抢"时，立秋是晚上八点多钟。到那天太阳落山，队里99.9%的抢种任务已赶在那一刻前完成了，只剩下半亩秧板田还没有变成绿。队长阿顺看到大家"战斗"半个多月，个个都已筋疲力尽了，就破例不让大家再开夜工，而是把任务交给了青年突击队，说青年人手脚快，明早开个早工把最后这个小碉堡攻下来吧。与造物主对着干、第二天插下去的秧苗，怎么看和其他田里的也没有什么两样，一样高，一样绿，一样在风中摇晃，一样先是蔫头耷脑几天后又神气活现。这块田里的秧苗都成活了，长高了，发棵了，分蘖了，扬花了。立秋前后的差别从开始时的一点也看不出，到一天比一天明显了。当然，它们的差别不在叶上，不在杆上，这些部位同样苗壮，同样挺拔，差别只有一点，在稻穗上，这一点恰恰是关键的，致命的。你看立秋前插下的秧，穗上实谷多而瘪谷少，那半亩地的稻穗上自然是布满了稻谷，可它们中的大部分最终没有能充实起来，稻穗头扬得高高地。就像人一样，连二夹三地讲了几麻袋的话，可多是废话、空话，稻穗上的瘪谷是造物主安排的废话、空话。造物主自有过人之处，在人的强大面前它不卑不亢，应该造出的东西它都给人造出来了，叶、茎、杆、穗，应该有的全有了，先让人喜欢一场，可最后却是让人空欢喜一场。你不接受造物主的安排么，它就给你点颜色看看。造物主对人的移山填海早就自叹无奈，对人的为所欲为只能默不作声，但在这节气安排上，它有足够的资格不怕任何人。那半亩地里的水稻长成那样，就是造物主斩下刀印的结果，很清晰的刀印。这把看不到的刀把好多稻谷斩没了。半亩地的损失自然不算大，但这明显是造物主的警告，面对如此严峻的事实，你再天不怕地不怕，也不敢不理睬它，更不敢藐视它，只能千方百计依着它、顺着它，赶在这个时刻之前去完成任务。

一年种两熟时，大暑过了是立秋；一年改种三熟后，立秋之前是大暑。现在，我们这里的土地早已全部征用完，农民们再也不用种田了。节气呢，大暑、立秋年年有，年年交，自然还有春分、秋分，二十四个节气，一个也不会少。唯独那些老祖宗传下来的农谚，我们这一代用过后，下一代就用不到了，他们若有兴趣记住它们还得像背书一样下点功夫呢。不过也不用担心失传，白纸黑字印在那里呐。"白露白迷迷，秋分稻秀齐，寒露吭青稻，霜降一齐倒。"霜降以后是什么节气？是立冬吧。又一年差不多快要过去了，新的一年，是从小寒开始的。二十四个节气，年年在交。麦子收了，还在种水稻。

年年岁岁花相似

瞿林海

老家原为塘湾镇幸福村，2000年10月，塘湾镇与原吴泾街道合并成立吴泾镇，但村的名字没变，还是叫幸福村。我在这块土地上生活了大半辈子。

小时候我所在的生产队，土改时总人口133人，房屋99间，可耕地288亩。至2011年末动迁时总人口246人，住房总面积扩大为2万多平方米，可耕地面积却减少至205亩（主因是农田南边临黄浦江，因早期不设防护堤，日复一日的潮汐涨落及雨水冲刷使江边田地不断坍塌而减少。另因人口不断增多，扩建住房使耕地面积逐年减缩）。

早年的农村，生活节奏缓慢。冬去春来，年复一年，变化不大，可谓年年岁岁花相似。

春 播

"碧玉妆成一树高，万条垂下绿丝绦"，"春眠不觉晓，处处闻啼鸟。"这是一年中最美的季节，泥土的清香和油菜花的香味弥漫于广袤的田园，让人沉醉。

每天放学后，我们总是结伴去郁郁葱葱的野外田埂两旁或河沟边割草喂羊喂兔。随村里的炊烟升起，我们便拽着夕阳最后的一缕余晖，回到绿树掩映的家。

春是步入新的一年的阶梯，春耕是全年收成的基础和铺垫，庄稼人带着殷殷期盼从这里起步。

阳春三月，气温逐渐回升，冰雪融化，淅沥淅沥的春雨水，淋醒了沉睡的大地，催促着庄稼人开犁播种。那时，春耕完全靠双手挥舞铁搭翻地。

从1951年到1956年，农村先后经历了互助组、初级社和高级社三个走集体化道路的历史阶段。到高级社的时候，建立了集体经济组织，耕牛不再是少数富家人的财产，耕地才普遍换成了牛拉犁。开始用黄牛拉犁，后来改用水牛。水牛比黄牛力气大得多，干活速度将近快一倍，但水牛脾气倔强。

通常，耕地的任务交给好把式老农去完成，空旷的田野时不时会传来赶牛的吆喝声。有人一手执着木制的犁柄，另一手挥舞着竹鞭，使唤着耕牛铿锵有力地前行在泛着浅褐色的田地上。牛偶尔走得慢了，被挥打上一鞭，高亢地吼上一声。经过犁耕后的田地，酥松平整，层次分明。

1958年，进入人民公社时期，耕地开始机械化。开始是公社仅有的几辆拖拉机轮流帮助生产队耕地。后来集体经济逐步壮大，各生产大队（即现在的村）都购买了拖拉机。最后，各生产队（现在的村民小组）也自备了手扶拖拉机。这时，耕牛仅起辅助作用，从原先的主角变成了配角，后来干脆退出了历史舞台。

精耕细作是春播的基础，也是现代人对中国传统农业耕作精华的一种概括。即使春耕实现了机械化，"解决战斗还要靠步兵"。大人们一面自己干活，一面手把手地教身边的孩子正确使用农具、规范平整土地。

1953年七宝农业学校拖拉机耕田演示（资料图片）

春播主要指水稻育秧和棉花下种（俗称大熟主要农作物）。其步骤如浸种催芽、田间播种、秧田管理和病虫防治等等。假如你当年刚学干农活，那等你基本学会，春播将告结束。

夏　耕

春天的脚步总是姗姗来迟，还没来得及欣赏，又匆匆离去。因为夏天来临，她不得不走。

五月底、六月初（农历五月初端午节前后），便是夏天的第一个大忙时节"三夏"（夏收、夏种、夏管的简称）。此时，上年秋季播下的麦子油菜（上海郊区主要的夏熟作物）成熟，需要抢时间收割，颗粒归仓；同时主要的经济作物——棉花须不失时机播种；一年中种植面积最多、最重要的农作物水稻，需要不误农时栽种；种下的水稻需要及时管理（施肥、除草等），确保长成丰产架子。

在20世纪六七十年代，"三夏"大忙其实算不了什么。夏至一过，意味着步入了一年中日照最强、高温最频繁的时期，酷暑难当。最难熬的要数大暑来临前开始的"双抢"（抢收抢种）时节。

为了提高粮食产量，当时很长一个时期推广种植双季水稻。七月底、八月初，早稻的收获季节一到，"双抢"就正式地来临了。一边忙早稻的收割，一边忙晚稻秧苗的下插，收割和下插都必须赶在立秋前结束（否则遇到寒潮稻子成熟不了），时间总共不到20天！好家伙，这段时间是农村劳动量的最高峰时节。抢收割抢下种，抢时节抢天气，迫使你天天数次地大汗淋漓，浑身上下衣服湿透，由于额头不断流汗，眼睛受汗水咸味的刺激会感觉疼痛难受，搞得个个筋疲力尽。

插秧能算有技术含量的行当活，以年轻男女为主力军。如果遇到较长的田块，一行秧要插上半个小时左右。看，他们的双手像机器一样交替配合、手眼协调、边插边退；听，沙沙扯秧声和哗哗插秧声融合成一支动听的小曲在田间萦绕，直到从田头插到田尾才直起身子伸伸腰。稍稍上了年纪的，没插上几株秧就得直直身子。连日无休止地重复枯燥的机械动作，就是铁打的身子也会疲惫。妇女是插秧的主力，但那时即使来了例假，也没有因此而休息的。渴了，庄稼地边上到处是河塘，去河边洗洗手，再把洗手的浑水赶开去，用双手捧上清水解渴；中暑了，自会有人帮你用梳子背或搪瓷勺子刮刮痧，然后树荫下躺一会儿再继续上阵。轻伤不下火线的口号，激励着每一个人始终以高昂的斗志、饱满的精神坚持在第一线，双抢速度的快慢直接影响着农忙的时令和收成。为了及时按质按量完成双抢任务，谁都会选择宁愿累倒在田头。偶尔也有头晕目眩，支撑不住的时候，会想自己的命运怎么那么苦呀！但只能无奈地相信，一切都会过去的。

儿时的农村别说空调，连电风扇都没见过。上理发店去，可以看到那原始的"风扇"：即用专人有节奏地抽动绳子来回晃动挂在天花板上的几片长方形布块取风驱暑。农忙过后，因为还没电视机可供消遣，且时不时地就会沾满汗液的双手又没多少事可干，在家闲得无聊，所以村民们自然会想着下河去捞鱼摸蟹，有结伴的，也有独行的。

黄昏过后，暑气渐消，人们才陆陆续续进屋钻进蚊帐睡觉。农村杂草丛生、多有污水，蚊蝇特多，床上没蚊帐绝对不行。有些特别怕热的，就用长板凳搁起门板（那时木门不用铰链安装，靠户枢上下两头分别套进门框一侧上下两个门臼，易拆卸）过夜。由于入睡很晚，有人直至凌晨的露水打湿了毛发时还在梦乡中。

秋　收

走过了春的萌动，夏的燥热，很快便走进了秋的绚丽。十月底、十一月初，金黄色遍布原野，天地之间洋溢着一片缤纷的色彩。人们满怀喜悦忙着收割水稻、采摘棉花。

在上海郊区，机械化收割远比机械化耕作要晚得多。

当年秋收的情景还历历在目：只要往田间一站，向任何一方展眼望去，劳力稍欠的年长妇女与儿童都在那既像一颗颗星星，又像一朵朵白色月季花的棉田里"捉花",只见她们一个个身前系着布袋,两手飞快地将雪白的棉絮扯下塞进布袋中,装满了倒在大麻袋里,等大麻袋都装满后,会有人挑往仓库场上的芦帘上去晒太阳,待大忙过后再进行后续处理。

还有随处可见的主力军队伍——那挥舞镰刀弯腰割稻的人群此起彼伏,一行行稻禾在他们的身后整齐地倒下。不远处,窄窄的田埂上,男人们挑着一担担金灿灿的稻谷,排着队小跑着奔向打谷场,虽然担子把他们压得上气不接下气,但在他们的脸上挂满了丰收的喜悦。收割就好比在享受,忙碌却忘记了劳累,没有人会觉得委屈。

"三秋"(秋收、秋耕、秋播)工作一季管两年,既是确保秋季丰收,实现全年粮食增产农民增收的关键环节,又是换季倒茬、促进农业结构调整,实现来年夏粮丰收的关键时期。往往是今天割完的稻子,晒上一个日头就捆扎,捆扎结束后来不及挑走的先挪到田埂上堆起来,清空稻田便于耕地,耕作完毕立马种油菜、播麦子,秋收、秋耕、秋播几乎是一气呵成。

深秋的夜晚,风清、月朗、繁星点点。草丛里传来蟋蟀的大合唱,一条条细细黑黑的萤火虫,竟能在茫茫黑夜里闪光。劳累了一天的庄稼人,晚上还得不到及时休息。打谷场上的脱粒机伴随着隆隆的轰鸣声大口大口地喷吐着金黄的谷粒,往往要持续到第二天凌晨才停止。堆得小山似的稻谷需要摊开后暴晒上三五天,用牙齿咬上去能听到清脆的爆裂声才能装袋进仓。完成了上缴的公粮,留下了自己的口粮,忙碌了大半年的庄稼人才能心安理得地过安稳日子了。

诚然,风调雨顺不是年年有,丰收的美景并不会眷顾每一个年头。一旦遇上天灾,带给庄稼人的可不是丰收的喜悦,却是辛酸和忧愁。

记得那年秋收将至,原本是秋高气爽的时节,天气却一反常态,连日下雨,加上狂风大作,快要成熟的水稻到处成片歪斜,甚至全株匍倒在地,给收割工作带来极大麻烦。人们只能身穿雨衣深一脚浅一脚地挪动着沉重的双脚,一边扶起倒伏的水稻秸秆一边割,没了节奏,乱了章法,不小心还会连稻根一起带出泥土,淋了雨水的秸秆死沉死沉,增加了数倍的工作量。脸和手被雨水淋得冰凉,不透气的塑料薄膜雨衣却闷得汗水沾湿了衣襟,累得人像要散了骨头架子。最后的结果可想而知,无论是产量还是质量,都令人大失所望。

除此之外,旱涝灾害也是常有的事。

遇到长时间的连续干旱,大地遭受饥渴煎熬,农田龟裂,作物枯黄,尽管竭尽全力进行人工抗旱,也只能是杯水车薪,无济于事。又如果长时间降雨,土壤水分过多,植物会烂根死苗。虽然开沟排水进行补救,"把水赶到东海去""人定胜天"的口号叫得震天响,但挽回损失的力量总是有限的。

损失巨大的灾害要数台风。每次台风登陆,所到之处,摧枯拉朽,毁坏建筑,吹倒庄稼、树木,造成大面积农田受淹和粮食减产。

因此,庄稼人常常在默默地祈祷,希望苍天有眼,年年风调雨顺。

冬 闲

十二月、一月(农历十一、十二月),送走了凉爽的秋天,冬天的脚步随即降临。在小时候的印象中,秋收一过,村民们显然悠闲了,于是想方设法找些农活以外的事情干。

男人可以编草鞋（防滑，田间干活用）、搓稻柴绳（干稻草搓绳）。那时捆捆扎扎除了破布条、棉纱线，就是用稻柴绳。毕竟稻草粗糙，搓草绳很伤手，大人的手上个个都磨出厚厚的老茧，孩子往往搓了一会儿手上就会起血泡。

女人好像一年到头没有空闲，有空就得缝补浆洗、纳底做鞋。当时老老少少都穿土布（俗称老布）衣服，因此纺纱织布应是一个寻常女人的基本功。用自种的棉花，经过采摘、脱籽、机器蓬松、搓成条、纺纱、染色、经布、刷布到织布一系列工序，似乎都是女人的事。

童年，穿着用竹笋壳与芦苇花编织成的蒲鞋感觉很暖和。羽绒服还没出世，偶尔看到有人穿毛衣都会羡慕。

女人们编织毛衣还是后来的事。编织的姿态很值得回味，她们把一根毛线轻轻绕在一只手微微翘起的小拇指上，左右手各拿一根毛衣针（大多为竹子制作）。织的时候，两手相互配合，一会儿向上挑针，一会儿向下挑针，毛衣针在她们的手指间舞动，动作轻盈协调。当年的毛衣，大多是手工编织的。当下大家都有钱了不需要自己劳神，或许是因为生活节奏加快了没时间编织，反正现在的年轻人已很少会摆弄这门手艺。所以现在手工编织的毛衣也成了稀罕品，价格昂贵。

冬天成人很空闲，孩子们更是寂寞难耐。小时候一是因为没钱，上影院看场电影也很难得，旅游更是成了奢望；二是当时在人们的观念里，吃喝玩乐"带有小资产阶级情调"，是要受到贬斥的。孩子们只能玩不花钱的游戏，像捉迷藏、斗鸡、跳绳、造房子、打弹子、拍犯人；或就地取材自制玩具，如折纸飞机、掼牌包、踢毽子、滚铁环、㞢菱角、弹皮弓、打百响子。这些古老的游戏伴随我们度过了平淡而欢乐的少儿时代。

塘湾公社的社员打鱼丰收（资料图片）

晚上，男人们一般早早地便上床休息，女人还要纺纱、织布。那时农村没有电，别说电灯和空调，连热水袋都没有，取暖只靠脚炉（铜制品，内盛煮饭时燃烧过还带有余热的柴火灰，盖上密布小圆孔的盖子），暖手暖脚都可，入睡前还可以帮助暖被。这脚炉，织布时没法享用，纺纱时双脚（连同鞋子，如果柴火灰因时间久了温度稍降了就脱了鞋子剩袜子）搁在上面取暖。往往是母亲在纺纱，子女就伏在旁边的方凳子上，借助那微弱的煤油灯完成家庭作业。别看当时一到晚上就伸手不见五指，煤油灯的亮度还远不及微弱的手电筒的光线，但孩子们的视力个个都棒。

怀念稻柴

邵嘉敏

稻柴，即秋收时农家脱去稻谷后的秸秆。秋后独多稻柴。这一常见、普通、平凡，貌似废物的东西，一度曾引起广泛关注，因为有农家贪图省事，在田间一烧了事，造成环境污染甚至影响到飞机起降。可过去，我们郊区农户对稻柴是情有独钟。

最常见普通的用途是作燃料。不过，用稻柴烧火也有讲究，不是随便往灶肚里塞就行，而是必须将稻草打成"草团"，让空气在灶肚里能流通，使稻柴充分燃烧。燃烧后的稻柴灰还大有用场。利用灶肚里的余热可以用个陶制罐头炖酥豆之类的食物；把尚有余热的稻柴灰退出灶肚置于一口大缸内，可温洗脚、洗脸水。稻柴灰还可用于育苗保暖和肥田。

秋收后，农家趁晴晒干稻柴，趁暇扎成一个个或圆锥形或长条形的柴堆。不要小看扎柴堆，这也是个技术活。弄得不好，或者会漏雨，慢慢成为一堆烂柴；或者堆到一半会塌了，前功尽弃。我们"学生活"参与扎柴堆，有时偷偷地有意识地在柴堆中留个空洞，大冷天玩"伴野猫"游戏时是最好的藏身之处。队里还会派我们这帮"团串头"，用拖车把稻柴拉到大队加工场，通过粉碎机把稻柴加工成柴糠作猪饲料。耳朵震得嗡嗡作响，粉尘弄得"蓬头垢面"，而我们因自由度高而乐在其中。冬天无青草，我们帮着耕牛饲养员，把稻柴用料刀切成一寸左右，拌上菜籽饼之类，就是过冬耕牛最好的饲料，所谓"牛吃稻柴鸭吃谷"。

稻柴可以搓绳作农具。农闲时节或雨天不能干其他农活，就在家中用稻柴搓绳，用作瓜蔓类作物的搭棚。还能绞成再粗一些的绳索，作犁耙等农具的配套物。

稻柴还能作生活用具。用稻柴编（方言中称"押"）成米囤存放余粮；编成饭窠、脚炉窠等以保暖。我小辰光，每个冬天，几乎都是在爷爷用稻柴一圈圈编成的"立囤"里面度过的。底部放上抄上有余热的稻柴灰的脚炉，暖暖的，一般可用数年。从懂事起，也跟着爷爷编押柴窠、饭窠、脚炉窠，还押过"立囤"供弟弟妹妹用。

过去逢端午节裹粽子，不是用绳线扎的，而是用稻柴。粽叶的清香伴着稻柴的糯香，煮出来的粽子更香。哦，做红烧扎肉，是必须用稻柴扎的。新稻柴铺床，是农家秋后的重要活计。新稻柴收上来，把隔年的甚至有点霉气的换下来，夜里睏得特别好。每年冬季去开河，打地铺必用稻柴。稻柴也是盖屋的材料，一方面是穷而盖不起瓦片，另一方面保暖性还好。只是经不起火。我的孩提时代，草屋火灾常有发生。中学课文读到著名诗人杜甫名作《茅屋为秋风所破歌》，感人至深。本地不少人家把稻柴积蓄到一定的量，去芦墟、平望等窑厂换瓦片、砖头等建筑材料，到备足时翻造瓦房，减少失火并防"为秋风所破"。

还有，在我们乡下，人故世后，是要烧把稻柴送上一程的。每年正月十五夜，我们跟着大人，点燃用稻柴扎成的火把在田头跑，驱邪镇妖，祈祷来年庄稼有好收成。早春或秋收时节，我们用稻柴扎成稻草人，在布谷育苗或丰收在望的田里站岗以吓唬麻雀觅食。

至于稻柴打成纸浆造纸等用途，那是"工人老大哥"们的事情，我等"农民老伯伯"就不清楚了。

稻柴，乃至身边许许多多不起眼的物事，实际上却是不无裨益的，自有它的用途去处的，甚至在生产、生活中起过不可或缺的重要作用。

如今的家乡已少见稻柴。上海市区一再向外扩展，家乡也随之巨变，农村变城镇，我们这些过去的"乡下人"成了高楼的业主，而稻柴却时常在记忆或梦境中再现，萦绕于心，久久不能挥去。

有一种叫棉花的"花"

邵嘉敏

市郊农村,多少年来一直称棉花为"花"。我是亲密接触过棉花种植全过程的,还有直至轧花、纺纱、织布,特别是当下抚摸着妻随嫁过来三十多年、舍不得遗弃的那些个老布时,棉花的形象愈发清晰。

市郊植棉,已有七个世纪。史载,元初乌泥泾(原上海县龙华乡,现徐汇区华泾镇)已有种植。明代,棉花是上海地区最主要的农作物,享有"松郡之布,衣被天下"的美誉。乌泥泾人黄道婆尤以推广纺纱织布技术为世人称道。

据《上海园林志》记载,民国16年(1927)上海建市后,一些社会人士认为上海应该有属于自己的市花。民国18年(1929)1月24日,市社会局以莲花、月季等花卉作为市花的候选对象,后又增加棉花、牡丹和桂花。最后,棉花名列第一当选为上海市花。

从我懂事起的大农业时代,本地一直属粮棉夹种地区。棉花是农作物中唯一由种子生产纤维的,且生长期特长。它分为播种出苗、苗期、蕾期、花铃期、吐絮成熟期五个阶段,经历春夏秋冬四个季节、春分到立冬十六个节气,计二百十天。

于我等农人,棉花的每一个生长阶段及所对应的每一个时令节气,都产生着甜酸苦辣的诸多故事。

印象中棉花最早是直播的。到我参加农业生产时,经过科学试验,改为营养钵育苗。先是趁冬季，在苗地上施足基肥，使其肥沃。再在开春后精耕细作，使土壤粗细均匀、干湿适中。用县农机具厂反复试制并定型生产的铁制专门农具，以脚用力踩入营养土，提起，以手把握力让该农具内置铁条将泥芯褪出，一个直径六、七厘米，高八、九厘米如笔筒般的圆柱体营养钵算是制成了。待几百个排列成垄，把早已淘洗、浸泡过的棉籽嵌入每一钵中，上覆细碎泥土，浇透水，盖上塑料薄膜，这道工序算是告一段落。一周后，嫩苗顶破泥土，十至十五天即能齐苗。再揭膜练苗，择日移栽。

记得那时县农科所在我队试种新疆长绒棉，因粪肥稀释度偏浓，上午浇过稀肥的幼苗到中午发现叶片发焦，即时当作重大事件分析排摸，发现施肥者中有被控制使用的"四类分子"子女，差点被当作"阶级斗争新动向"，扣上"扼杀新生事物""有意破坏生产"的"高帽子"，忙碌、玄乎了一阵子。

幼苗移栽大田后，需及时浇水、锄地、护苗。农谚有"时里着个洞，赛过下壅用"之说，即适时锄地松土，赛过施肥助长。春夏之交的每天清晨，我们都要头顶露水出早工锄地，细心、周到呵护如侍弄初生婴儿。

过了一个半月的苗期，棉花进入约一个月的蕾期，然后再进入近一个月的花铃期。相对于其他农作物，棉花生长期长，受自然因素影响大。在这个阶段，除了施肥，两件事颇为要紧。一是需喷洒农药消灭红蜘蛛、红铃虫、蚜虫等害虫。那年，队里委派青年突击队冒着高温用背包式喷雾机喷洒农药。尽管按要求带了口罩防毒，但禁不住高温加剧毒的"1605""1059"农药的强烈熏陶刺激，竟有多名"铁姑娘"晕倒田头。还好，经及时救治，没出人命事故。

另一件事是抗旱灌溉。在地下灌渠不曾全面贯通的年代，棉花田抗旱往往用可移动的水泵。我们几个小年轻，扛着水泵，找寻并修筑临时机口，拉起三相电缆通上电源。看到哗哗的河水喷薄而出，点支烟稍息，还得去巡查。旱透的田埂遇水最易崩坍、漏水，破旧的电缆线也极易漏电。一次，我巡查遇漏水洞，赤脚下水堵漏，被带电的水击得手脚顿麻、浑身瘫软。

棉花既怕旱，又怕涝。生长各阶段对热量、水分、日照、土壤等条件都有一定要求，即使到了丰收在望的一个月至两个月的吐絮成熟期，农人们还是常常睡不好觉的。立秋、白露直至秋分节气的一段时间里，农人最讨厌秋雨绵绵。诗人曰"秋风秋雨愁煞人"，农人说"白露里的雨，到一处坏一处"。淅淅沥沥、滴滴答答，似哭非哭、似情无情。不但影响吐絮，还会造成烂铃。秋季的雨天，除了去修剪底部老叶，还得将刚刚吐絮但已见烂斑的铃子摘回来，剥去外壳，利用其不很成熟的絮。虽然等级要低很多，但损失能减到最低，所谓"烂铃不烂产"。

孩子们在田头帮忙采摘棉花（王荣涛摄）

待天气晴朗，秋高气爽，大约是棉花生命中最浪漫、最灿烂、最富激情的时候。全员出动，即使是读书的小学生也背起出空的书包参与捉花。看似简单的捉花，也是有讲究的。五个手指要协调、集中，不能一把抓，否则很容易把花铃边上的叶子带入。棉花沾上碎叶，会影响等级品质，在下道工序拣花时增加工时。当农人们穿行在棉花丛中，四面八方盛开的花朵如白云簇簇。农人脸上洋溢着收获的喜悦，一路艰辛已烟消云散。

当然，接下来还要翻晒、分拣、打包、交售，直至轧花、纺纱、漂染、织布、打被絮等。

挑着棉花送往收购站（资料图片）

我想，棉花虽不如菊花多姿，也没有牡丹那般名贵；不似荷花清高，也无桂花香气四溢。但是，它对于上海这座现今的国际大都市来说，却有着深刻的渊源。随着城市产业结构的转型调整，市郊植棉已不多，棉纺织产业也已经风光不再，但棉花当是上海农耕文明史上重要的记忆符号。

田野里的牛

持续不断的沉闷声，伴随着呼哧呼哧的喘气声，从这头响到那头，又从那头响到这头。前面的泥块翻过来了，后面的便急急地跟着翻了过来。人走过去了，跟在牛后头走过去了。人又走过来了，牵着牛绳走过来了。在田里，一趟又一趟，牛拖着犁在朝前走，人扶着犁跟在后面走。

这是牛在耕田的场景。在20世纪，上海农村长期以来都依靠耕牛耕田。春耕、夏种、秋收，一头牛、一副犁杖，便唤醒了沉睡的土地。

上海农村在20世纪80年代前都要依靠耕牛耕地（资料图片）

耕田不难

耕田是我务农生涯开始不久就学会的另一种技术生活,那年,我不到15岁。其实也无所谓学,跟在牛后头,多走几个来回就会了。耕田是小男人家的生活。和我差不多岁数的小男人家生产队里有三个,三个小男人家都在耕田,三个小男人家都会耕田。

自从父亲因病去世后,我不得不辍学,当上了人民公社小社员,每天跟在大人后面做些杂佮乱绊的生活。我们这帮小社员被称作三厘工——即做满10个钟头,可记3个工分,不过几角钱。和我差不多岁数的小男人家生产队里有三个,我们不满足和一群老头老太抢工分,所以一有机会,就去做其他的男人生活。而耕田恰恰最适合我们这些小男人家做的生活了,可以这么说,耕田是小男人家转变为大男人家的第一步。

好像从没有人教过我耕田,生产队长有一天突然派我去耕田,也没有先问过我会不会,我就牵着牛、扛着犁去了。耕田时,给牛套上犁索时轭头上那根细绳的扣法是我平时看会的。和我平时扣草篮绳子的方法大同小异,差不了多少。

让人牵着绳子走的牛是耕田的师傅。一行耕到头了,何时拐弯,拐多大个弯,它都能把握得有板有眼。我牵起牛绳时,它就知道它在干什么了,我跟着它走就是了。

忠厚老实的牛,叫它走,它就走成一条直线;要它停,它就老老实实站在田里。不过,它听不懂"停"字,这里也没有"得儿——驾"这类话语，那太张扬，还有点神气活现的样子。但这没关系。它能听懂"负"（wóu），"负"是我们这里使唤牛的方言，意思就是停。还有一个就是"pī"，是叫它向右靠一点。向左靠则没有口令，只要一拉牛绳就行了，用不着多此一举。向左总是方便，耕田时也一样。到了田头，也不用你吩咐，它就站住了，离田岸刚好一牛一犁的距离，等着我掉转犁头。

当然，也会碰到不入调的牛。其实这是种特别聪明，很有灵性的牛。它能从你牵牛、套索、吆喝等一系列的动作中，知道你是个新手，接下来它会做出稍微出格的小动作难难你。你把犁放好，把它牵到前面，准备套上犁索时，它要么站得靠前一点，你怎么套那犁索时总是短了一段，它不让犁索套到肩胛上；要么站得偏一点，让犁索一边长一边短，也套不上去。或许天天让它耕田，它有点厌烦了。好不容易等你慌里慌张快要把轭头套上时，它却歪东歪西还没有站正，又突然拉下了一大堆牛粪，不用说，这牛粪就掉在你的脚边。

初学耕田的人一般话会特别多，声音也会特别响。这难怪，第一次做新的农活，尤其是要驾驭一头牛时，紧张、自豪、荣耀，都从嘴里蹦出的言语表现出来了。或是连二夹三地吆喝把牛搞糊涂了，它有时候弄不清先听哪句，糊涂的它只好猛地向前一蹿，让你猝不及防，慌忙扶着犁跟上去。坏了，有一段距离犁头来不及插进泥里，留下一条长长的犁径。等你将它连骂带吆喝，跟着它走到田头时，它会回过头来，两只大眼睛像骚牛卵子，狠狠地瞪人一眼，让你感觉到牛的眼睛里也充满着敌意。

你可不能再对它发火。你要发火，或者甩起树条子抽它一下两下，那这一上午这一下午，你的麻烦事就多了。你得顺着它，抚慰它，拍的

"牛屁"，让它感到你和它很亲，很友好。更重要的是让它知道，跟在它后面的是个老手，老手做事从来不会咋咋呼呼的。它也是懂得回报的，它会老老实实听你使唤，规规矩矩完成任务。就是在它肚子饿了的时候，它的舌头也不会去卷旁边的庄稼吃。

人对牛乱发脾气，是因为不知道牛也有喜怒哀乐。其实呀，人发怒时，可以迁怒于牛，牛感到不称心时，为什么不可以对人来几下呢？我摸透了它的脾气，于是再把它从牛棚里牵出来时，就开始拍它的"牛屁"。轻轻地，柔柔的，把我同它交朋友的信息传递给它。我经常牵的是一头年轻的牛，属于同我一样刚务农的货色，它才学会耕田，牛倒老实，可也有憨脾气。一次，轭头上那根细绳松掉了，它趁机脱掉轭头后，怎么也不肯再让我套上，双方僵持了好半天。最后还是我对它让步，牵着它到浜滩头吃了好一会草，它的态度才算端正了些，害得我那天收工晚了半个多小时。

在稻板田里耕田是最为有劲的。一犁头下去，就把平展展的一塘田撕了个口子，泥拔头一块一块向右翻了个身去，顺便把犁头上的锈色慢慢磨光，翻上来的泥块同犁头一样发亮。撕开的口子慢慢变长，终于成了一条几十米的长口子。等到我把一塘田全部撕开，前后左右都是裸露着一亮一亮的泥拔头。这里马上要种麦子了，看着这块地，我希望我耕过的田里明年有个好收成。这里还有更重要的一件事，稻板田里耕田只要看准稻根子，一犁下去，从南到北，从东到西，犁径保证不会歪。刚耕田的人最怕被人说牛也不会牵，耕得七曲八绕了。现在当耕完一畦回过头来看看，每一犁都耕得成一条线，一种成就感油然而生。（褚半农）

赶牛春耕

记得在念初小时，老家厢房的南端搭有一间牛棚，牛棚是用毛竹作梁和柱、竹梢作椽、干稻草作顶、芦苇秆编成的篱笆作墙的简屋。简陋的牛棚四处通风，有暖融融的春风，当然还会有酷热和冰冷的夏冬之风。在这里，爷爷为集体代养了一头黄牛。那牛眼睛像铜铃一样大，不知怎地整天两眼泪汪汪。两只弯角如茁壮的竹笋，青里透亮。那一身厚厚的黄毛，像绸子一样光亮。牛个头很大，几乎塞满整个屋子，它每次进屋后调头时，似乎有撑破屋子的担心。

爷爷每天要去河边割牛草，回家后挑稍短的直接放进硕大的料桶喂牛，长的用放置在屋角的铡刀切割后喂。下雨天披上蓑衣，戴上斗笠去割草。冬天寸草不长的时候，用干稻草加棉籽作饲料。人边吃饭边喝汤，可牛没那奢望，干粮下肚了，不急不慢等着主人恩赐。你放我去河边，我就咕噜咕噜畅饮。你忘了我，我也不怨你。

每当去牛棚，从没见过牛的嘴巴有歇着的时候。不是低头在料桶中觅食，就是不管站着或趴着，上下颌总在左右不停地来回咀嚼，嘴角白沫连连。虽然眼角还流着泪，但仍能感觉到它正美滋滋地享受着安逸的时光。上初中后才得知，这叫反刍。牛身大力不亏，靠的是好胃口。它的胃分四室，狼吞虎咽后，经过一段时间便将半消化的食物返回嘴里再次咀嚼。食量虽大，但不挑剔，鲜草干草都无所谓。吃饱了喝足了，耕地拉车，毫不惜力。

每年的第一仗是春耕。初春，是牛膘肥体壮的时候。经过冬天里养精蓄锐，现在该上战场了。

爷爷总会用肩扛着犁，用手牵着牛下地。到了地里，爷爷会把轭头（连接牛与犁的"人"字形构件）安置在牛肩骨的隆起部前面，由两条绳索沿牛身两侧引至牛后的犁具。牛使劲时，用肩推轭头，再由绳索把力传到犁。爷爷那长长的细竹鞭高高扬起，"啪"的一声脆响，牛一个劲地前行，忙碌的一天就此开始了。

老牛好比一个熟练工，一行耕到头了，何时拐弯，拐多大个弯，它都能把握得有板有眼，如果遇上初学犁手，它还真成了你的"师父"。

牛，给我的印象一直是默默付出，无私奉献的。它除了耕地外，另一个使命就是拉水车。早年，农田灌溉靠水车。水车分别有手摇的"牵车"、脚踩的"踏车"、利用风力的"风车"和"牛拉水车"。利用链轮传动原理，带动木链周而复始地翻转，装在木链上的刮板就能顺着有一定倾斜度的长长的木槽把河水提升到岸上，进行农田灌溉。

牛拉水车结构比人力水车复杂，多出木桩、轮盘、大轮轴等几多构件。一般盖有"草亭子"，照顾牛劳作时免遭日晒雨淋。还给牛戴上眼罩（一对乌龟壳），以防牛长时间转圈时头晕。这种老式的农业灌溉工具早已在20世纪60年代末从农业生产中退出，被水泵、喷灌所代替。

我上初中那会儿，为了提高粮食产量，我的老家开始种植双季水稻，耕牛的任务愈发繁重。因为黄牛力气相对小，干活速度较慢，适应不了形势。水牛就成了更好的选择。

水牛，棕黑色毛，颈下不像黄牛有肉垂，角长、体壮、力大，喜欢泡在水里，没有黄牛的性格温顺。驾驭水牛可不是年老者能胜任的，干活时，水牛由着性子来，来劲时耕地比你走路还快，它拼命往前奔，你不得不使劲跟着赶。新土犹如翻腾的浪一波接一波，来不及逃跑的蚯蚓迫不及待地寻找缝隙往下钻。干累了，全身湿透，像刚洗过澡，还一阵阵冒热气。这时，它会躺在那儿，再怎么揍它也没用，打死都不起来；饿了就往有草料的地方跑，哪怕被你用拴牛绳扯破了鼻子也不回头；热了干脆直奔河塘，并扬起威武的双角，大有威吓之势。

牛，一年到头耕田耙地，拽犁拉车，没多少清闲的好日子。即使有时想闭闭眼休息，可那些可恶的小家伙竟不让它消停。每到夏季，有一种叫牛虻的昆虫，喜爱叮咬牛马骡驴等牲畜的皮肤，吮吸其血液，有时也攻击人类和其他动物，传播疾病。整个夏季，牛最怕的就是它。无论牛尾巴、牛耳朵如何不停地摆动，企图赶走可恶的牛虻，牛虻还是会死死地盯着它不放，使它遍体鳞伤。

牛，忍辱负重，敢于担当，无私奉献。任何一个时代，都需要这种精神。

20世纪70年代，"铁牛"的到来，使老家的牛，消失在人们的记忆里。（瞿林海）

秋雨乡情

瞿金其

我是土生土长的莘庄人,从小在村庄、田野里长大。三十多年的农田劳作,跌打滚爬,让我虽然住进了已城市化的居民区,但仍对过去的农村生活,有着割舍不了的感情和眷恋。

立秋,干支历二十四个节气中的第十三个节气,按干支历计算,是下半年开始的第一个节气,因此也成了主要的节气。交过立秋则标志着炎热的夏天将慢慢离去。一场秋雨一场凉,让人们体会着大自然的变化是极具规律性的。此时的天气会变得凉爽、微寒,开始需要添衣保暖。而秋天的雨也和春、夏、冬截然不同,她没有春雨的绵绵温柔、夏雨的雷电凶猛、冬雨的冰冷刺骨。秋雨有着其独特的性格风范,如水池里的音乐喷泉喷出来的水珠,竞相飞落,偶尔像瀑布匆匆来、急急走,偶尔又如一片混沌飘飘洒洒、无边无际,有时又会大大方方、几天不离。"秋风秋雨愁煞人"是对秋雨最为形象的写照。

上海每年一般进入八月份后会受台风的影响。而交秋(立秋)又必是8月的7日、8日,种田人称为只脱时辰、勿脱日脚。立秋一交,这天气就像军事化,立时变脸。除了气温仍是有秋老虎发挥余热外,天上的云变成了跑马似的云朵,大一团、小一片,趁着一次次的台风来袭飞快地奔跑着。云里雨、日出雨(太阳高照之下),这块地里下着雨,旁边的地里一点都不下的"夏雨隔田生"等的秋雨现象开始出现。而立秋这天如若下了雨,那就成了农民们的担忧事了。农谚里有:立秋逢着雨、水稻发芽稻田里。意味着当年的秋季雨水过盛,对水稻生长不利。秋前栽下的水稻,是"处暑根生谷、白露白迷迷、秋分稻秀齐、寒露吭青稻、霜降一齐倒(割)"。这个阶段的水稻,正处于孕穗、秀穗、灌浆、籽粒饱满阶段,确实需要充足的水分,更需要大量的养分。而养分的形成很大程度还需要光合作用,只有阳光普照才会有大量的叶绿素促使光合作用的产生,保证供给农作物的充足养分,才能确保丰产丰收。雨水太多还会引起水稻的倒伏,导致减产减收。秋雨也有很少前来光顾,农谚称为"夏水潜(雨水多)、秋水枯(雨水少)"的年份,到了交寒露节气雨水仍很少,此时的水稻田已需要为秋熟作物播种开始养地了,不宜再灌溉、放水。而这个阶段的水稻米粒在水分充足之下还能长上一层皮,此时如果再下一场秋雨,又能促使水稻增收一成产量。对水稻来说那真是甘醇的美酒,所谓"秋雨贵如油"讲的就是这个道理。

与水稻生长恰恰相反的是棉花,这个阶段却最好是不要下雨。农谚里有"大暑开黄花(棉花开的花)、四十五天捉(摘)白花"。立秋后半个多月,棉花已经陆陆续续地开始裂壳、吐絮。此时如果秋雨绵绵,来了不去,对棉花的产量、品质、价格影响极大。本来应该是农谚里说的:"白露三朝花上场(晒)"的,但是无情的秋雨就是下个不停,赖着不走。如果落落停停连续半个月以上,今年的棉花收成,算是小孩拔草"拉倒"了。什么一步捉三斤(棉花)、国庆前产量过半(一般年份,国庆节前的棉花产量基本上是当年棉花产量的一半),统统成了泡影。

记得在"文革"后期,那一年也是秋雨下个不停,眼看着棉花铃子有的刚要吐絮,大都还没裂开,国庆节就在眼前,公社干部们果断作出决定：烂铃不烂产！动员全体干部、社员白天冒雨到棉花地里摘烂铃子，晚上老老小小齐上阵，在家里剥烂铃。然而棉花的亩产量是以去了籽的皮棉计算的，品级是以棉花的纤维长度计算的，价格又是以品质、品级、季节来确定的。即使真的能做到烂铃不烂产，其品质、品级和价格都只能是拔棉花萁时的"脚疙头"，是最差的！可在那个年代，社员们只敢在家里边剥棉铃边怨天："老天不照应、秋雨落不停、烂铃不烂产、价钿国家定"。真是愁煞人的秋雨啊！

秋雨，又与农村人的生活休戚相关。一场秋雨一层被，告别了汗滴禾下土的三伏，迎来了凉风习习的夜晚。而交了白露节气以后，逢着一夜的秋雨，早上起来顿时会觉得外面的风是凉的，雨水是冷的。吃过晚饭，去河里洗个冷水澡，会令人打个寒战。农谚里有："白露身不露、赤膊像猪猡"的说法。凉爽的气候让人纷纷穿上了长袖衣衫，父母会告诫孩子们：白露里的雨，到一处坏一处（淋着会着凉）。不允许再去河里游泳，淋湿了衣服必须马上更换。秋分一交，秋雨绵绵。雨水催着树叶的脱落，也催着农作物的成熟。深秋的雨已是让人们喜忧参半了。多日的雨天里难得看到天空显出一次鲎（彩虹），农谚有："东鲎日头西鲎雨"的说法。见到鲎在西天，眉头皱紧，鲎在东天，眉花眼笑。秋雨少的年份里，人们又会盼着下场秋雨。"八月南风两日半（会下雨）""九月南风转一转（晴转雨）"，祖辈在务农实践中的识天经验化成了一年四季对天气变化的实时农谚。虽然没有诗人们的诗情画意，但朗朗上口，通俗易懂，切合季节，好记实用。

乡间的秋雨，融汇丝丝乡愁、缕缕乡情，成为我的一份念想。

农田灌溉忆"三车"

瞿金其

五十年前的上海郊区，对于从事农业生产的农民来说，在很大程度上还是靠天吃饭，虽然经过了互助组、初级社、高级社、人民公社的农业生产体制改革，但是传统的农业生产模式仍没有从根本上得到转变。翻耕、种植、收割、灌溉仍是极少由机械化替代。特别是农田里的农作物灌溉，基本上是用牛赶车、风打车、人踏车来完成，那时的田野里到处可见一个个牛赶车的车棚，一部部风打车的身影以及一处处人踏车的架设。在稻浪滚滚的农田上，形成那一幅幅水墨画般的农村风情。

弹词开篇"一粒米"，讲的是让人们节约粮食、不浪费粮食的道理。我们本地有句俗语叫"一粒米七担水"道出了水与农作物，尤其是与水稻之间的重要性和不可缺少性。也正是因为这个水与稻密切的关系，古代农人称其为水稻。但是水在河、江、湖里，水稻却在几米以上的地面上，两者又有着上下隔绝的差距，由此被绝顶聪明的先人研制出这举世无双的取水入田灌溉农作物的各种灌溉农具，使水顺利灌入农田、孕入水稻、育出米粒、繁衍人类。

水车，据文字记载，始于唐代，沿用至20世纪60年代中期。我们本地人把用牛力拉动的称为"牛赶车"，借风力驱动的称为"风打车"，人力踩动的称为"人踏车"。三种水车都有上车与下车二部分组成，全部用硬质木材做成。上车为动力部分，由车棚、车轴、车盘、支架等组成。下车为戽水部分，由车槽、拨陀、连头板子、调节水车箱高低的绞括竹等组成。

农田灌溉的农具中，牛赶车当属农具中的巨无霸。牛赶车的组成很是复杂，它须由一个固定的车位为车基，车基的面积要有40平方米那么大，车基上设有固定的六根石柱，支撑着一个几乎覆盖全车基的只有顶没有墙的锥形柴草车棚，里面是一个离地面约30厘米高的车盘，像饭店里足可坐20多人的大圆桌式的圆盘，四周装满齿轮，大圆盘的中间矗立着一根直达到车棚顶端的大圆柱，圆柱从上到下由6根"吊"，像斜拉索一样与大圆盘上的几根横杆共同承担起牛力、水重以及所有水车的自重。连接大圆盘的一根车轴两头有两个装有齿轮的大拨陀，一端衔接于车盘的齿轮，一端衔接于车槽的齿轮，长长地伸出车棚外。车棚外的部分全部是露天的，它的主要构件是车槽，俗称水车，长有5、6米，宽有20厘米，高度有50厘米。水车分上下两层，由两头的齿轮拨陀带动绕水车内的50多个连头板子戽水到田，它一头搁在开有水渠的田埂上，另一头则浸入河边的水里，形成水车的上层是空，下层戽水周而复始的灌溉过程。水车的入水一头还安置一根可调节水位高低的绞括竹，视河水的涨落，适时调

牛赶车（资料图片）

节水车入水深浅。

牛赶车的操作较为简单，把耕牛牵至车棚，套上轭头，给牛的双眼戴上只能朝下看的眼罩，轻轻驱赶一下，这牛就会任劳任怨，一圈复一圈地走动。一部牛赶车，一天一般可灌溉20亩左右稻田。赶车的人（七八岁的小孩即可）只需坐在大车盘上或坐车棚旁边观察着河里的水位和稻田的水量，中途给牛小息、喂草即可。这牛赶车叽叽轧轧的转动声，突突沓沓的流水声，伴随着老牛滴答滴答的蹄声，在当年的田野里演奏着一曲曲农耕风情、丰收欢歌。

像长颈鹿一样矗立在大面积农田边上的风打车，绝对称得上是农田灌溉农具中的佼佼者。它是完全依靠风力来驱动达到引水到田的，可谓绿色环保产品。日灌溉面积可达到五六十亩地。风打车与牛赶车的原理基本相同，所不同的是，风打车由于其具有6根高而长的风帆杆及连接驱动水车的车轴是直立的，其单单水车车架的高度就要两米多，所以难以搭建起车棚来。风打车同样需要一个车基，但面积只需要6、7平方米大，它的车盘只不过犹如一般的圆桌面大，车盘中心的圆柱顶头装有齿轮的拨陀，下头由连接车盘的木条起到承上启下的作用，带动车盘后的其他与牛赶车一样的部件引水入田。六根帆杆上各置有一张宽近2米、长约4米左右的可收可张的篷。风打车都是偏东南方向而立的，因为夏秋季的东南风多。风打车的转速快慢可用篷的伸张度来调节，微风时可满帆，风大时可收止半帆或小半帆。由于其灌溉效率较高，适合于大面积的平整农田，因此在江、河、沟、浜纵横交错，高低不平的农田不相适宜，在当年的农田里比较少见，由此也成为一道原野风景。

人踏车，顾名思义是由人以脚力踏动设备的一种农具。但是由于其是由人力驱动的，因此一天的灌溉面积只能达到一到两亩。一般用于较为偏僻的小块农田。莘庄地区的人踏车一般都是两人车，一次在江苏盱眙县农业生产器具陈列馆，见到有四个人踏的人踏水车，觉得很惊奇。人踏车的结构简单，特别是上车部分，只要在河口的田埂上装上两根立柱，上面横置一根木把手，在立柱中间的田埂上卧按上圆木长轴，长轴的中间装有一个齿轮拨陀，两边以十字形各装有脚踏的半圆球形踏脚，踏车时，人立于车轴的踏脚上，两手把扶在立柱上面的木把手上，犹如在跑步机上跑步一样，拨陀带动水车里的连头板子戽水，引水入田。只不过不用气力是踏不动的，水也不会自己向高处流的。

我们莘庄地区，田高、河深、水位低，所以水车的长度都比较长。相比与青浦、江苏水位高、地势低的地方之下，灌溉的成本要高。随着社会的发展，首先废除的是人踏车，继而是风打车，取而代之的是由农船安装

人踏水车是上海农村灌溉田地的主要农具之一（资料图片）

上柴油机带动的抽水机，对沿河的农田迂回灌溉，一天的灌溉面积能达到二三百亩。机械化给农业生产带来了福音，抽水机、潜水泵、泥浆泵不但接替了柴油机，还使农田的灌溉达到不失时机、搬动灵活、安装方便等效果，节约了劳动力、提高了生产力，极大地促进了农业生产的经济效益。昔日的牛赶车只剩下六根石桩孤零零地立在河边。

冬季农耕话"两泥"

瞿金其

农历冬至节气一交,上海郊区的大地在北风飕飕的吹刮下,也已进入了冰胶辣辣响的冰冻阶段,各种农作物进入休眠时期。早在20世纪80年代分田到户前,我们莘庄的乡村全部是粮棉夹种地区,农作物的生长习性使得我们这里的农民们在农闲的同时开始为明年的农业生产取得丰收打起基础。此时的田野里到处可见男男女女挑着粪箕、粪桶从河边往农田里奔跑着,来来往往的人群,嘻嘻哈哈的笑语和着口、鼻呼出的白气,呈现出一幅寒冬腊月挑"两泥"的战寒图,成为农闲季节农村田野里的一道风景线。

"两泥",就是我们农村种田人俗称的泥浆和生泥。莘庄地区的土壤除了有河道两岸几百米内的土质属沙土地外,绝大多数是透气性能差,根系发展慢的板结型的沟干泥。熟谙保护土壤重要性的农民们,深知土壤对农作物的丰产丰收至关重要,但是肥沃的土壤不一定是丰产的土壤。要使农作物出高产,必须要认识到重视土壤与作物的关系。因为除了空气、温度、水分、光合作用外,植物依赖获取的这些因素都与土壤孔隙有关。如影响水分关系的因素必然影响土壤空气,湿度变化又进一步影响土壤温度,而土壤的结构空间又与养分、水分、根系具有密不可分的相互作用。这就需要改善土壤结构,使之与植物所需的养分平衡稳定,而首当其冲的最好物质就是多施有机肥。

河泥因其成肥过程与稳定的生物土壤条件相联系，它是由河里的水生植物自然枯荣中的败根腐叶沉淀河底，经长时间的腐烂发酵与河底淤泥混为一体的有机肥，油光黑亮，散发着阵阵泥土的清香。肥源广、成本低、取之不尽用之不竭。当年出自莘庄人的一曲沪剧表演唱《社员挑河泥》（社员挑河泥、心里真欢喜，扁担接扁担，脚步快如飞），曾经响彻高音喇叭，风靡上海郊区。

浇泥浆，先得罱河泥。罱河泥可是个技术加力气的体力活。我们上海郊区大多数罱泥的工具是用小船与竹篾编成的，形状像河蚌，长80厘米、宽50厘米，固定在两根坚实的俗称捻杆的竹竿上，下面根粗起到承载重量作用的称为撬杆，上面根细而且在根部弯成s状起到张合作用的称为发杆，俗称"箩头"。还有一种是用麻绳编织成的三角形箩头，它没有撬杆和发杆之分，用两根同样的粗竹竿，根部都弯成s状。这样的农具罱泥时需要用劲夹起河泥，罱起的河泥质量较差。

罱泥时，人站在小船的中间踏板上，将箩头伸到河底，展开箩头由河边向外推至河中，待手中感觉箩头中河泥已满时合起发竿、拖到船边、慢慢提起，待箩头将要出水时用力快速提入船舱，同时放开发杆，箩头自动展开四五十斤重的一箩头淤泥滑入舱内，动作连贯、一气呵成。满舱后将船靠至预先开挖好的俗称泥浆潭的固定囤泥点。然后罱泥人用木制的俗称滑抄的泥勺，一勺勺将泥浆抄勺到泥浆潭里，再由浇泥浆的人用粪桶一担担挑到田里洒浇到农作物上。

罱泥不但是个体力活，还是个很有讲究的技术活。在北风呼呼、寒冬腊月的季节里，罱泥人手握结着薄冰的挑竿，手指头冻得扎心的痛，还得打破薄冰，伸入河底不停地重复着同一种动作，上下起落将河泥罱入船舱。而上半身的不停劳作又完全取决于始终钉立在小船船板的双脚之上。一双脚既要用力、借力保持人体的平衡，还肩负着船和人的总体平衡。特别是将要满舱时，更来不得半点疏忽，正是"任凭脚趾痛，稳立船板上"。由于罱泥是一种独特的农活，所以一般都有一工人工定多少舱数的定量来额定。

泥浆浇到地里，不仅能保湿、保温，施肥、松土，还能防止病虫害。当年我们有句俗语称之为："泥浆是发药，只要遏（盖）着"，道出了泥浆对农作物的重要性。浇泥浆的技术含量比起罱泥就要低多了。浇泥浆的人工也随罱泥的定量来额定，一个罱泥船定二个浇泥浆的人，罱上来的泥浆挑到田里，浇洒到作物上。不过浇泥浆的人，除了用力挑起一百多斤的一担泥浆登河坡、跨田沟外，其浇洒的质量也很有技术含量的。我们当年的浇泥浆，除了油菜、条播麦外都是满垣麦地，浇泥浆的方法都是左手抓住粪桶绳，右手拎起粪桶底，使用巧劲从右边向左边倾洒出去，一桶泥浆洒出一道50多厘米宽长近2米的弧线，薄薄地均匀地盖落在麦苗身上；留下少量在桶底的泥浆又满足于弧型当中的一点补缺，显得飘逸潇洒，身上沾不到一点泥。相比之下新手浇洒出来的质量就是厚的地方厚，薄的地方薄，没的地方没，用的气力大浇的面积小，一个班头的泥浆浇下来，搞的浑身都是泥。那时的农田里罱泥与浇泥浆，一上一下、一静一动构成了农村冬季农业生产的一幅水粉画。

挑生泥就是直接从河里挑河泥，把河泥挑到田里后，间隔均匀的一担担排开，然后用人工逐堆分成小块，俗称开生泥。经过一段时间的风吹、日晒、霜露、冰冻，河泥会自行酥松、散开，再由人工用铁搭一敲一拉就成粉末状，既给作物施上了肥料、水分盖上了被子，又为改善土质奠定了基础。这是个可以男男女女齐上阵，四面八方可入田的大阵势农耕场面。在白霜如雪，满地冰冻的农田里，彩巾飘舞、人流涌动、欢声笑语，场面极为壮观。挑生泥前先要做好一系列的准备工作。选定一条多年未干且又年年养有菱角及水草茂盛的小河，将其河水抽干后晒上几天，待淤泥沥去水分，可以成块时即可进入田间。此时的河滩边，站在河底用铁搭装担的、肩挑粪箕排队等待的、挑着河泥在田里奔跑的场景，成为农村冬耕的一道风景线。挑河泥人多热闹，却是真正的气力活。上百斤的一担河泥，挑在肩上，从河底爬到河岸再跑到田里。要不了三、四担，鼻子里呼白气，头上冒热气，身上汗喷喷，肩上痛叽叽。小青年常被大人们呵斥道：看人挑担不吃力，自上肩胛嘴要歪。

　　传统的农耕，它致力于保护农业生产平衡，不仅积了有机肥，改善了农田土质，生产了绿色食品，同时又清除了河道淤泥，改善了水质，也构成了生态农业永恒的生物链。改革开放以来，原来的农田逐步消失，所以现在的本地年轻人基本不知道农耕、农时，更不知道挑河泥是怎么回事了。

第三部分　陌上花开

乡村生活犹如陌上之花，姹紫嫣红。乡人们在农桑之余自得其乐，或灶头作画、岸边垂钓，或田野放牧、池塘戏水……弹棉花的砰砰声是天然的鼓点，织土布的梭子演奏出了上好的弦乐，迎娶新娘的自行车叮铃声与江岸的渔歌充作和声，平凡的日子便过成了一首充满韵律的乡乐。

曾经少年灶头画

彭 仁

人们对吃一向是敏感和挑剔的。很多人遇上美食，最高的评价莫不过这几句话："这是妈妈的味道"或是"奶奶的味道"。话很朴实，但所蕴藏其间的那份深情令人共鸣。

在我看来，所谓"妈妈奶奶的味道"，这样的美食其实跟灶头菜是分不开的。这也是近年来为什么都市人和农村人都越来越爱农家菜的原因之一吧，除了绿色环保，更多的是浓厚的乡土气息，满满的农家氛围。

农家菜用现代化的液化气灶烧，似乎总有种违和感，但倘若用农家土灶烧，就会有不一样的感受。

然而土灶在我们的生活中已渐行渐远了。尤其在上海郊区，就算是农家，也难得一见，时代发展，总有所得有所失的。

说起农家土灶，对我而言，却有另外一种情感。

很多稍微有点年纪的人都晓得，农家新砌土灶时都会画上一些画，并写上几句吉祥语，这就是所谓的灶头画。

灶头画一般流行于江南一带，是一种历史悠久的汉族传统民俗艺术，指乡人们在砌灶的同时，专请灶画师傅绘在灶头各个部位上的彩色图案、文字、线条及花边等。在我们马桥地区更是司空见惯，不足为奇。

我自小喜欢画画，20世纪80年代的乡村学校没有正规的美术课，我们画画都是"野路子"，凭兴趣和天赋。而我倒也无师自通地琢磨出了一

灶头画一般流行于江南地区，是一种历史悠久的民俗传统艺术，在马桥地区更是司空见惯（资料图片）

些画画的小门道，在同龄人中博得了"小画家"的美名。当然放到现在自然是不登大雅之堂的，但那时在旁人眼里也算很不错了。至少从小学到中学，班里的黑板报都是由我承包的，后来连学校的黑板报也是让我出，这让我有了些许小小的得意。

我们宅基头上有一位泥水匠，与我同姓，拐个弯，也可称得上是本家爷叔，他在乡里的建筑队做工，空闲时就给村上的乡亲们砌个小屋什么的，而砌灶头也有一绝。不知怎么也知道了我会画画的事，于是就来找我，想让我画灶头画。我那时才读初中，被一个"大人"如此看中，自然有点受宠若惊了，虽知自己几斤几两，但也不好意思拒绝，反而有种窃喜，屁颠屁颠地便答应了。

灶头画寓意丰富，也是传统文化的体现（资料图片）

本家爷叔带着徒弟，开始砌灶头，砌好后就开始为上灶、下灶粉上石灰，再稍等片刻，等石灰干后，便指挥我在灶上进行绘画。画什么呢，本家爷叔说要喜庆的，寓意吉祥的图案，画牡丹、仙桃、鲤鱼、凤凰都可以。我虽人小，但胆大，何况从小生活在农村，对灶头画内容也了然于心，不管三七二十一就折腾开了。

　　灶头画工具采用尺、毛笔、画笔，颜料大多选用红色、黄色、翠绿等较为喜庆的色彩。记不得第一次画的是什么了，只是感觉画得挺不满意的。在墙上作画和纸上作画绝对是不一样的，墙上画笔很生涩，化不开而且浓淡很不好拿捏，但既然被逼上梁山了，我肯定不能撂挑子。第一次画灶头画，足足花了将近3个小时才算完成。而后又在灶身上写上"自己动手，丰衣足食"之类的话，是用隶书，可惜写得歪歪扭扭。好在本家爷叔没讲什么，只是微微点点头，主人家则夸赞了几句，"囡小，能画得这样很不容易了"。

　　主人家留吃饭，好吃好喝地招待本家爷叔和帮工，而我也被邀请上桌蹭了一顿。

　　我原以为画得这么烂，本家爷叔是不会再找我了，结果没过多久，又有邻居砌灶头，他还是把我找了去。这一次我有了心得，画得自如了不少，后来又画了几家，我的灶头画在实践上技艺大涨，一时间感觉颇好。

　　记得当初本家爷叔说，你小子会画灶头画了，以后就跟着我吧，好歹也是门手艺。现在回想起来，幸亏没听他的，如今灶头都没有了，我还画什么，岂不失业了？

老布

彭 仁

也是偶然,那天我随口问姐姐,我家有没有"老布"?姐姐说,有啊,有半箱子呢,老娘那里也有十几匹。

我所说的"老布",其实就是农家土布,或者称"老粗布"。它是一种手工织布工艺制作的布,用脚踏木制斜梁织布机加工而成。这种老布在20世纪80年代前的上海市郊相当普遍,每家每户都能拿出数十匹来,不过到了现在,反倒成了稀罕物了,偶尔会在一些民俗文化展览上看到。我之所以会问起姐姐,也是因为前不久去浦东的新场古镇游玩时看到有家店铺里陈列着一堆老布,忽然想起小时候母亲织布的情景,一时好奇。

记得当年,在老家宅上,几乎家家都有木制的纺车和脚踏织布机。我母亲这一辈的妇女少有人不会织布的,按照姐姐的说法是,不会织布的女人肯定是不会持家的女人,又懒又笨,是要被人看不起的。因为这些老布是家里人衣着的主要来源,所谓"丰衣足食",在农村得到了具体体现——能"伺候"好庄稼,填得饱肚子,还得有衣穿有被盖。对于农村人来说,全都得依靠一双勤劳的手向土地"讨生活"。

老布由棉花加工而成。而据历史记载,闵行一带历来是棉花高产区,因为这里地势高亢,水旱无患,适宜植棉。明清时期,本地农人大多植棉,并以土布纺织为主要副业,所谓"水棉收千株,八口不忧贫"。此地的少女七八岁即学纺纱,十一二岁就会织布,每逢立秋至次年立夏前,家家户户忙于纺纱织布。清嘉庆年间当地才女李媞写的《申江十景》诗中的《北街夜织》云："处处风摇一点灯，新年已近价难增。丁娘夜半停梭问，纱向西邻借未曾？"道光年间举人王蔼如也写过《织布女》等诗，诗中写道："农忙佐夫力田际，农暇机中织作苦。""雪白绵柔好女功，来朝知属何人主。"这些诗作生动反映了当时农家织布女的生活情景和辛勤劳作的状况。那时乡民耕田种粮以赋官税，而家庭经济支撑主要靠纺织，就是到了20世纪80年代，大抵也是如此。不过，在60年代，农产品实行"统购统销"后已不能再进行交易活动，这些老布相当部分便成为女子结婚出嫁时的嫁妆（这也是乡民中长期流行的习俗）。于是在一段时间里，陪嫁物里老布的多少便成为新娘子们的一种荣耀和财产的象征，她们除了在日后将这些"嫁妆布"里的一部分给丈夫或者公婆大人做些衣服外，大部分都珍藏着，以便将来作为女儿的嫁妆，久而久之，便形成了"外婆传娘娘传囡"的民间习俗。

其实，要追溯上海本地的纺织史，可查的资料最早为元代，元代上海建县不久，在县境乌泥泾镇（今徐汇区华泾镇）就出了一位妇孺皆知、名重万世的人物——黄道婆。元贞年间，黄道婆从海南崖州回到乌泥泾故里，革新棉纺织技术，造福乡梓，从此，本地的棉花种植业和棉纺织业得以迅速发展。她去世后的数百年间，每年4月她的诞辰日，奉祖纪念她的香火连绵不绝，各乡学纺织的少女常前往拜祷。至今在上海仍保存有黄道婆纪念堂（又称黄母祠，在今上海植物园内）、黄道婆祠（上海豫园得月楼等处）等遗迹供人瞻仰。著名的上海中学曾将一幢校舍命名为"先棉堂"，以提示莘莘学子不要忘记这位有功桑梓、遗爱人间的平凡而伟大的女性。很多闵行人都记得在莘庄镇沪闵路（七莘路莘松路口）转弯处原本矗有一尊高大的黄道婆石像。当时许多人说这石像挺丑的，神韵均不似人们想象中的黄道婆，现在看来还是挺有标志性的，只不过后来因建绿地被拆除了，据说石像被直接埋入地下。果真是这样的话，几百年后若有后人挖掘出来，不管其艺术价值如何，倒也可视为文物了。

如此看来，像我母亲这样善织布的农村妇女应该算是黄道婆手艺的传承人了。我家织布机是放在客堂间的，而纺车则放在母亲的房间里。从我记事起，就经常看到母亲白天出工干农活，晚上则"咿咿呀呀"在纺纱，要不就是"噼噼啪啪"在织布，反正没有停息的时候。

织布是件辛苦活，工艺极为复杂，从采棉纺线到上机织布需经轧花、弹花、纺线、浆染、沌线、落线、经线、刷线、作综、闯杼、掏综、吊机子、栓布、织布、了机等72道工序，全部采用纯手工工艺。至于老布的图案，是靠各种色线交织的几何图形来体现，而不是具体的事物形象。传统用色多以大红大绿、纯黑纯白穿插，多种纹样经过组合，再加上经纬色彩的不同变化，形成多种多样的图案。我还从本地文化工作者华伦其先生编写的《农家织布》一书上了解到，本地自织老布的品种主要有芦席花布、洋壮稀布、雪里青布、斜纹布、稀布等，花纹极为丰富。

我出生于20世纪60年代末，小时候是穿过老布做的衣服的，记得上学时连书包也是老布缝制的，不过基本上是哥哥穿过用过的。这也是没有办法的事，实在是因为条件差生活困难，"老大穿好老二穿"的现象很正常，还有一句话叫作"新三年旧三年，缝缝补补又三年"，现在听起来犹如天方夜谭。这种老布虽略显粗糙，但是真正的100%全棉，依现在的眼光看，无污染，透气性好，还相当有民俗特色。农村婴儿的尿布一般都是用老布旧衣服拆了后缝制的。因为它柔软，不会损害孩子的皮肤。不过当

织布机（资料图片）

时人们是体会不到这些的,"的确良"之类的涤纶布才是一种时尚。

姐姐1983年出嫁,至今已经35年了,我没想到她还会保留着母亲送给她的嫁妆布,而今年85岁高龄的母亲竟也藏着十几匹老布压箱底。我姐姐是个实在人,当她听我关心这些老布时,第二天就从老屋里背了十几匹老布送到我家,让我把它拍下来。

抚摸着这些老布,那捆扎在上面的红毛线依然鲜艳如新,我感觉到了一种温暖,还有莫名的感怀。这些老布是当年母亲熬着夜一梭一梭精心织就的,盛满了对这个家、对子女的浓浓爱意。

弹棉花

农　夫

　　弹棉花对如今绝大多数的年轻人来说，是个陌生的词汇。说起来，它还是中国传统的手工艺之一，历史十分悠久，据说在元代即有此业但现在几乎绝迹，至少这些年在上海已无法觅其踪迹。不过，40岁以上的人都会对"弹棉花"有着较为清晰的记忆。
　　而我对弹棉花不光有着深刻的印象，每每念及，更有种自然和亲近。

弹棉花是苦力活，也是技巧活，既要身体好，又要肯卖力会动脑（资料图片）

因为我的大娘舅就是个弹棉花的人,并以此为生,在"嘭嘭""嗡嗡"的弹棉花声中辛勤劳作到做不动为止。

弹棉花,又称"弹棉""弹棉絮""弹花"。实际指的是弹棉胎,也有弹棉褥(垫被)。棉花去籽以后,再用弦弓来弹。过去女儿嫁妆的棉絮都是新棉所弹,一般人家也有用旧棉重新弹加工的。弹棉花是苦力活,也是技巧活,既要身体好,又要肯卖力会动脑。那时候,只有贫苦农民因生活所迫才会去从事这种营生。

我外婆家住浦江镇的陈行,生有四个子女,我妈排行老二,上面有一个哥哥,还有两个弟弟。哥哥就是我的大娘舅。那时外婆家很穷,养活四个孩子实属不易,于是大娘舅很早就入赘到浦西,来到地处马桥的吴会村,原本姓王,后改姓为杨。而我妈妈则在不久后也被抱养到离吴会村不远的彭渡村吴家,似乎有种童养媳的意思,改姓吴。这事发生在20世纪40年代末期,一晃也有半个多世纪了,时间真的有些久远。我的二娘舅和外公外婆住在一起,一辈子务农,倒是小舅舅后来当兵去了,因为表现优秀提了干,在部队一待就是10多年,后转业到地方从事纪委和党务工作,直到退休。

大娘舅入赘的那户人家无男丁,于是生活的重担都压在他的身上。农村里挣工分难以糊口,大娘舅就从事了弹棉花这门行当。这自然算是门手艺,虽苦但养家糊口没问题。记忆中,我还没上小学时,大娘舅便走家串户地帮人弹棉花了。

弹棉花是要具备一整套工具的,有大木弓,用牛筋为弦。元代王祯《农书·农器·纩絮门》中如此记载:当时弹棉用木棉弹弓,用竹制成,四尺左右长;两头拿绳线绷紧,用线弓来弹皮棉。工具中还包括木槌、铲头、磨盘等。我对大娘舅弹棉花的这套工具很熟悉，尤其是木槌，形状仿如是颗手榴弹般，深褐色。有时趁大娘舅休息时，会偷偷把玩。弹棉花时，大娘舅身背弓弦用木槌频频击弦，使板上棉花渐趋疏松。随着"嘭嘭嘭"一声声弓弦响、一片片絮花飞，最后把一堆棉花打成一条整整齐齐的被褥，仿佛就是一种魔术。棉絮的两面要用纱纵横编成网状以固定棉絮。这需要两个人配合完成，所以大娘舅还带了徒弟，不过因为吃不起苦吧，大娘舅的好几个徒弟干不了多久就跑了。纱布好后，用木制圆盘石磨使之平帖、坚实、牢固。按习俗，所用的纱一般都用白色，但用作嫁妆的棉絮则必须用红绿的两色纱，以示吉利。还有如果是旧棉重弹，须先除掉表面的旧纱，然后卷成捆，用双手捧住，在满布钉头的铲头上撕松再用弓弹。

"檀香榔头，杉木梢；金鸡叫，絮花飘"。这是弹棉花工匠们对自己手艺的一种诠释，也是人们对他们的劳动最为形象的比喻。弹棉花太耗力气，也是个精细活，除敲弓时不能偷懒，"上线"时则须细致无比。从弹、拼到拉线、磨平，看着简单，做起来却很费时间，像大娘舅这样有着熟练手艺的，一天也就只能弹一条被褥而已。我有时看到大娘舅，他的头发、眉毛、胡子，甚至鼻孔里全沾了棉絮，白花花的一片。

大娘舅人老实，弹棉花手艺好，也不偷工减料，所以当年不光在马桥地区，连在松江的车墩、新桥等地也有名气，说起弹棉花的老杨都是赞不绝口的。

不知什么原因，大娘舅和大舅妈无子嗣。后来抱养过一个女儿，因为婚姻问题同家里闹得很不开心，结果断了关系。而我在五岁时，父亲去世了，因为家贫，老妈带着三个未成年的孩子实在吃力，有人便劝我妈把我过继给大娘舅，但我妈坚决不肯，说就是吃糠咽菜也不送人，哪怕对方

"檀香榔头，杉木梢；金鸡叫，絮花飘。"这是弹棉花工匠们对自己手艺的一种诠释（资料图片）

是自己的亲哥哥。我有时晃过这个念头，如果当年真把我过继给了大娘舅，会不会既当儿子又当徒弟呢？因为弹棉花一般都是祖传，由师傅带徒弟或父传子的方式传承。

因为社会的发展进步，弹棉花的手艺已被机械化操作所代替。人们家里盖的基本上是品种繁多、色彩斑斓的各式腈纶被、九孔被等。

就此，弹棉花几已成为绝响，淡出了人们的视线。

家门前那条小河浜

李慧华

老宅所在，一直被称为李家宅或者叫徐家北宅。很小的一个自然村，7户人家一字排开，屋前屋后是两条自然河道。

在农村还没有通自来水、都用井水的时候，屋前的小河是用来淘米洗菜洗衣服的，清澈见底；屋后的小河，虽然也是清的，但农家人都用来冲洗马桶、痰盂，间或用来浇灌田地。

两条河都是活水，通往竹港。

门前的小河，有200米长，7户人家每家都有一个带台阶的石板水桥。间或有邻居用网兜捕鱼捉虾，总会有所收获。这时，捕者的神态是傲娇的，笑声很是得意。

直至20世纪90年代中期，小河总能给我们家的餐桌带来惊喜。

青壳的螺蛳最喜欢吸附在水桥的石板下。没有荤腥，母亲总能在自家的水桥周围摸到一大把螺蛳，葱姜起锅，然后放水，鲜美无比的螺蛳汤，令饭桌增色不少。

姐姐和我成家后，母亲总是计算好我们回家的日子，提前一天摸来很多螺蛳，用清水养着，让螺蛳吐尽泥沙。等我们回家，夹去螺蛳屁股，大灶旺火一炒，稍微焖会儿，就可以上桌了。

我姐夫和我先生都喜欢吃母亲的爆炒螺蛳，一大盘螺蛳还不够他俩吃的。

在农村还没有通自来水、都用井水的时候,屋前的小河是用来淘米洗菜洗衣服的(吴立德摄)

螺蛳的繁殖能力极强,可以吃春夏秋三季。当然,清明节前的螺蛳最肥美,因为还没有进入繁殖期,壳内没长小螺蛳。

母亲摸螺蛳很有一手。她找来几块瓦楞板,用绳子系住一端,放到河里。几天后,拽着绳子把瓦楞板快速提起,吸附在板上的螺蛳来不及缩回吸盘,便成了我们的"囊中之物"。

很多情况下,屋前屋后的小河都是微波粼粼,波澜不惊。但每当遇到台风和暴雨,小河也会发"脾气"暴涨,老宅就有被淹的威胁。

我们家还是三间平房时,地势较低,只要河水上涨,屋内十有八九会进水。

看着暴雨如注,看着屋前屋后的水慢慢没过水桥、一点点向客堂间的大门逼近，还是孩子的我们姐妹仨，内心充满了恐惧。如果父亲在，他就会撸起裤脚、扛起铁锹，招呼左邻右舍们冒雨赶到小河最西侧，跳入齐腰深的小河，清理堵塞在连接小河与竹港的水泥管口的水草等杂物……

前几年，河道被污染，各类污染物堵塞了通往竹港的水泥管口，一下大雨，河水总要没上来。此时，母亲总是打电话给我们，袒露忧虑，一如我们儿时。我们则多加宽慰，说没有关系，水肯定不会进来的，因为造楼房时我们已经抬高了地基。

有一年，上海连续遭受大到暴雨，李家宅"一条街"浸泡在水里。听着一夜暴雨如注，我们十分担忧。第二天一大早，我和先生驱车40多公里赶回家。李家宅果然成了水乡泽国。好在，水刚刚逼近楼前的台阶，雨势就渐渐小了。父母亲看到我们到来，尽管没有什么作用，内心却踏实了许多。

屋前的小河还为我们家作出过经济贡献呢。

那是1987年春季，父母亲准备把平房翻造成楼房。那时，我和妹妹都在上大学，姐姐刚刚工作不久，家里的经济状况没有得到根本缓解。

家里只有2000多元存款，父母亲东拼西凑，终于凑足了造房子用的17000元。

为了还清1万多元的高额借款（那时父母亲的工资每月仍然是73元），第二年，根本不懂养殖的父亲，毅然承包了门前小河的养殖任务。

当年春天，他和母亲借钱买来各类鱼苗，撒入小河中，开始了一年的期盼。

这一年中，每逢天气晴朗、风和日丽的日子，总有城里人骑车到小河岸边钓鱼，只要看到，我们总要驱赶，说小河已经被承包了，不能钓鱼了。邻居们都知道小河被我家承包了，也都帮忙守护着。

11、12月，满河的鱼已经长大，丰收在望。父亲更是紧张，生怕有人来偷鱼，功亏一篑，遂夜不能寐，起夜三四次。

终于到了捕获的时候。按照农村抽河浜的习惯，先用抽水机把小河的水抽到屋后的河中，待水基本没有时，父母请来的亲朋好友踩着高筒雨靴，下河捉鱼。我那白面书生般的姐夫，也不甘示弱，像村里人一样下到河底，受到亲戚朋友的一致夸赞。

付出总有收获。小河没有辜负父亲的辛劳和我们一家的期盼。那一年的鱼啊，比往年都要多、要大。农村人情重，来帮忙捉鱼的、前后左右邻居、亲戚朋友一共60户人家，母亲一家一家送上了我们家养的鱼。

剩下的，母亲和姐姐又顶着寒风，推着满满一车的鲫鱼、鲤鱼等，到市场上售卖。最终，去掉七七八八的成本，这一年的承包结余是500多元。这对1988年的我家来说，可是一笔巨款！母亲用它还掉了一笔大户头欠款。

儿子小时候，经常住在外公外婆家，还在闵行区碧江路小学读了一年书。

春夏之际，住在隔壁的东家伯伯总是在晨曦微露时起床劳作。他最喜欢做的就是悄悄站在水桥上，用网兜快速伸向水桥一侧，一网兜兜起一群活蹦乱跳的河虾，然后送给我儿子吃。母亲用些许水、加一点点盐蒸熟，那美味，还真不是今天的河虾所能比拟的。

都说有水的地方就有灵气。对儿子而言，老宅是他笔下的故乡，也是他的风水宝地。

许是得到的滋养多了，以奥数见长的儿子一路从小学直升至市北初

地处江南，一般的乡村人家的家门口都有一条小河（吴立德摄）

级中学理科班，又以奥数、奥物上海市一等奖的双保险，从初中保送进复旦附中高中理科班；2008年秋季，在奥数、奥物和奥林匹克信息学的全国学科竞赛中多次获得骄人成绩的儿子，最终以在一场全国中学生科技竞赛中荣膺一等奖，并入选中国青少年科技竞赛代表团赴美参加世界中学生科技竞赛的佳绩，被保送进了他心仪的清华大学物理系——数学物理基础科学班。

2013年，本科毕业且特立独行的儿子，放弃了去美国名校深造的构想，执意先工作再择机深造。毕业后即和几位清华同窗根据导师授权，在京参与商汤科技的筹建……而今，27岁的儿子，已是堪称国内人工智能独角兽——商汤科技的联合创始人和研发带头人。

高尔基曾经说过:"苦难是一所学校。"虽然我们的童年、少年不能说是苦难,但艰难的生活促使我们早熟、独立,懂得珍惜和感恩。

门前的小河,曾经一度富营养化,鱼虾绝迹;自从有了自来水,也不再需要小河来洗洗刷刷。经过近几年河道治理后,又逐渐恢复了水清岸绿的面貌,相信不久的将来,鱼虾又将游回来了。

只是,规划中的生态园建设,还会保留这条小河吗?

樱桃河畔

瞿林海

从我开始记事起,历史已进入公社化时期,那时老家称上海市上海县塘湾人民公社幸福大队第一生产队。

幸福大队位于上海县南部,老家位于大队东南部,即现在吴泾镇最南端。总共一百多号人,二百来亩地。南临上海母亲河黄浦江,在漫长的岁月里,村民们几乎天天在田头与江中的船只为邻。早年机动船极少,帆船是这道风景的主色调,因此时常能听见纤夫的吆喝声,号子声声,别有一番情趣。古老的樱桃河作为黄浦江支流,就是沿老家左侧逶迤北上穿过大半个吴泾镇,与俞塘河贯通,沿途催红生绿,滋养了两岸无数生灵。东面以樱桃河为界与英武村为邻,农忙时分,樱桃河畔两村村民可在田间劳作的间隙隔岸喊话打招呼。生活在这里的人祖祖辈辈对这两条主要的河道有着深深的情怀,因为它们是家乡上万亩土地的取水之源、泄水之流,更是这块土地上数以万计条生命的命脉。西面与第二生产队接壤,北面与第三生产队为邻。

老家的四个宅基有似"之"字形排列,从东南方至西北角依次为尖嘴角、冯家桥、吴家塘、后场。

与第三生产队为界的,正是尖嘴角后面从樱桃河开始西去北折流经冯家桥、再西去北折流经后场后一路往西去的老樱桃河。

乍一听,黄浦江水流进樱桃河,樱桃河水流进老樱桃河,三水形成

樱桃河，又称莺窦河，图为横跨樱桃河两岸的尚义桥（资料图片）

的先后顺序似乎明明白白，其实我直到现在都不明就里。从老樱桃河比樱桃河多了个"老"字，再从前辈人口中常有"先有樱桃河，后有东黄浦"之说，我更糊涂了。但是无从查证，其实也没必要去考证。

老家的河道还真不少，除了这三条河道外，东西向的，尖嘴角前后有假宅河、南宅河；吴家塘前后有河南浜、后宅河；南北向的，从东至西依次为西江口、轭头浜、西浜、南北河。

水网密布，为农田的灌溉及排涝提供了基础条件，否则先辈们无法在这块土地上生存和繁衍。

跟江南大多民居一样，所有村宅都紧挨河道，在宅河边用几块石板搭一座水桥，老家各宅共有11座水桥。其实水桥并不是桥，而是为方便在河边打水、洗菜等劳作，由若干木桩支撑着石板的站台。太阳还没升起，叔叔伯伯们开始陆续蹲在水桥上刷牙洗脸，傍晚炊烟起，阿姨妈妈们蹲在水桥上边淘米边唠家常。水桥曾是人们交流的平台，现今却成了记忆里一道独特的风景。

初夏时分，河边的芦苇或耸然挺立，或临风摇曳，集群而生，聚众而长，既依赖于河水而生存，也作为"回报"为护卫河堤筑起一道坚硬的"城墙"，一来防止了河岸泥土流失，二来有效控制了河床淤塞，一举两得。

端午时节，农妇们忙着采摘新鲜的芦苇叶裹粽子，村里到处弥漫着粽叶的清香。仲夏，我们时不时地去河边挖芦苇根解馋，白白的、甜甜的，据说还清热解毒。秋风吹来的时候，芦苇的秆和叶逐渐变黄，微风吹过，会发出阵阵声响，仿佛在演奏那低回婉转的乐曲。初冬，芦苇干枯，顶端那原本像小松鼠深灰色尾巴似的芦花，犹如人类的头发一样在不经意间变白，并好似原野提前来临的雪，四处飘落。有心人会即时采集芦花缝进枕芯，蓬蓬松松，柔软舒适，实为上品。更多的是趁芦花还未完全开放时将芦头拔出风干，绑上竹竿做成扫帚，连地上的粉尘或毛发都能清扫个一干二净。有巧手稍后还能趁芦花尚未飘落时，将芦头拔下编织成鞋，它的保暖性能可以说任何材质的鞋都无可比拟。剩下的就是那芦苇的茎。当隆冬的河边仅能看见光秃秃的芦苇秆子时，农户们首选挺直、匀称的芦苇秆收割回家编织成芦苇帘，冬天翻晒衣被或谷物通风透光，既实用又实惠，可惜已成旧忆。剩下的次品芦苇秆，能架瓜棚、铺设在菜籽地里能保温保湿，再剩下的次品中的次品，还能当燃料用的柴，芦苇可谓全身是宝。

在我最早的印象中，老家的河道不产腰菱，即菱角，大约在我念高小的时候，不知有谁从外面将菱角引进。这种水生植物繁殖力很强，几年内几乎在所有河道都能见到它。

酷暑时分，菱叶就布满了河面，微风吹过，河面上泛起粼粼白光。菱叶相互叠加，密不透风，偶尔可以发现那菱角，两端像牛角，外壳凹凸不平，整个外形又似元宝。当菱角开始由青变浅红，然后由浅红慢慢地变成深红时，人们就知道成熟了。妇女们便搬出家里的河船（椭圆形的大木盆）下到河边，坐上河船用双手向后划水，边前进边翻动菱叶采摘菱角。孩子们往往站在河边嚷嚷着要吃生菱，当接过大人从河面抛上来的菱角，剥开厚厚的外皮，看到白嫩嫩的果肉时，口水早已从嘴角流出，一咀嚼，一股清香。菱角如果煮熟了吃，还有像吃栗子的感觉。

老家的每一条河道两旁都有树，品种不同，形状各异，但数量不多，多的在每个村宅的四周，换个说法就是每个村宅都在绿荫环抱中。

老家的树木早些时间多为人工栽培。每年春天，我都要跟着祖父在宅前屋后栽上几棵，挑些长大后能成材用作做家具、农具的树苗，如榆树、楝树之类。还栽些柿树、白和枣树（一种白皮果枣树）、葡萄等果树，不重视种植观赏类树种。以后大多靠自然脱落的种子繁殖生长。

对尖嘴角及冯家桥的白和枣树我们都有深刻印象，因为那时食物紧缺，饥饿的年代一想到能入口的果子就嘴馋。秋天来临时，有事无事便去枣树底下转悠，期盼能发现被大风暴雨刮落的病枣。调皮的，趁主人不在，就近抓起砖石偷偷地瞄准白和枣扔去，然后捡起被击落的果实飞快离去，心中窃喜。

我家屋子东南面水桥边有一棵柿子树，按树龄推测可能是曾祖父所栽。秋收开始，柿子由青转红，可以摘下来放进棉被或采摘的棉花里保温，三五天后就能食用。许多人分不清柿子的成熟程度，以为微红就能吃，感觉却是苦涩的；半熟的柿子虽稍软，但皮很难剥离，带点酸涩；只有成熟的柿子，既软又甜。

南浜南岸边也有一棵柿树，长得特高，并向河中心倾斜，所以不能像我家那样可爬上树枝采摘柿子。品种也不一样，那是油柿，个小、呈青色，据说甜度不及我家的红柿。到了冬天，连树叶都掉了，有时还能看到已经变黑了的柿子星星点点地挂在枝头。

西场表舅家门前的菜地旁有村子里唯一的一棵香椿树，花白色，树体高大。椿芽可以食用，据说还具有食疗作用，主治外感风寒、风湿痹痛、胃痛、痢疾等，表舅常用腌制椿芽做菜。椿芽炒蛋是一道营养丰富的美味，可在我的记忆里，好像没听说他家享用过这道菜。

香椿树西边是一丛小娘竹，竹子细细的，匀匀的，长长的，密密的。祖父告诉说，这是王家长辈为弥补住宅风水上的缺陷而栽种的，不可随意砍伐。

几乎每个村宅旁都有若干棵高大的树木，上面多有鸟窝，顽皮的孩子还会上树摸鸟蛋。一到夏天，枝繁叶茂，就像一把把绿色的大伞，大家都会在绿荫下乘凉、玩耍。

鸟类有各自的习性，老家大树上筑得最高的鸟窝必定是喜鹊的，其材料就是树枝加芦花。而春天从南方归来的飞燕，必定去河边衔泥筑窝在人们住房的屋檐下。叽叽喳喳的麻雀，则在随处可见的竹林里草草安家。

各个村宅屋后都有茂密的竹林，七处竹林分两个品种：燕竹和哺鸡头竹。春笋崛起，家家户户吃笋。菜园里架个瓜棚，或需要锄头柄、扫帚柄、晒衣杆什么的，去自家竹园挑选即可。

那林木苍翠的树丛，婀娜多姿的竹林，常年鸟语花香，令人神往。

过去，上海的气温比现在低得多。冬天一到，必有雪花漫天飞舞，顷刻间天地一色，屋檐下挂满玲珑剔透的冰柱，条条河道冰封，一派银装素裹的人间仙境。

可转眼到了春天，绿油油的麦苗，迷人的油菜花，蝴蝶翩翩起舞，蜜蜂嗡嗡歌唱，置身在美丽的田园风光，又着实让人陶醉。

乡下婚俗

张志华　陈勤健

上海郊区是我国特大城市上海市的辐射区，特别像原上海县，它具有特大城市近郊县的典型特征，可以这样说它是上海城市的团体，然而随着交通便捷、信息沟通、经济发达、城乡结合的进程加快，古有的婚俗也发生了很大、很多的流变。

我国婚礼古有六礼，即问名、订盟、纳彩、纳币、请期、亲迎。

旧时青年男女婚嫁，多由父母包办，经托媒说合、合婚、定亲、行聘、择吉日迎亲完婚。20世纪50年代自由恋爱式托媒说合后，男女互相走动一二年，择吉日完婚，乡村尚有定亲行聘。结婚多办酒席，一般八或十桌八仙桌。80年代初一度提倡集体婚礼，婚嫁费用不计造房、装饰。70年代前双方约需数百、上千元，80年代后数千至上万元。

记起30多年前，我老家的一些婚俗习惯，现在想想还是蛮有趣的。

婚龄：旧俗尚早婚，向有"十三做娘天下通行"的说法。一般均在十七八岁，二十岁成婚。男女择偶，旧俗男大于三岁视为好兆，俗谚"男大三，金银山，女大三，屋角坍"，而浦东则行"大娘子"。50年代第一部《婚姻法》颁布后，均按法定婚龄成婚。

通婚地域：旧俗城镇户口人家，喜与当地农村及松江、青浦殷户娶嫁。男女大多就近结婚，讲究门当户对。50年代中期，讲究户口性质，60年代讲究阶级划分，70年代后，棉粮地区女子乐意嫁与蔬菜区的男子为妻，称"朝东嫁"。80年代至90年代通婚地域扩大，特别是90年代后期，不仅本地、外省甚至出现涉外婚姻。1979年上海县有3人与外国人成婚，1984年又有2例，越到改革开放涉外婚姻更是不稀奇了。

相亲：农村一般女方暗窥男方宅屋，男青年身体是否健壮，方允见面。首次见面称相亲，一般均在公园、集镇、夜间露天电影场，有的到媒人家会面。相亲时男上女家门，称"毛脚"，须携带一挺"机关枪"：一只金华火腿；四个"手榴弹"：四瓶老酒；二百发"子弹"：两条"前门"牌香烟；一只"炸药包"：一只大蛋糕等若干重礼。女方上男家门均以"不重不轻"为限。

定亲：即定婚。旧俗男女婚姻经媒人撮合，"八字"合后，定日脚，男方备酒席和礼金礼品，确定婚姻关系，有谚"千两黄金买不动，四两茶叶定终身"。定亲后，一般不能反悔。如女方反悔则彩礼如数退还，而男方反悔则不必退。"一辊，二滴答，三十六只脚"，现在大多数地区不兴定亲。

20世纪80年代末乡下迎亲婚俗之一（资料图片）

20世纪80年代末乡下迎亲婚俗之二（资料图片）

迎亲：俗称好日。一般男家三日头排场，全宅同族、同祖男人家相帮，婚前一日晚吃"待媒酒"，正日吃"发轿酒"，第三天中午宴请女方老客，晚上相帮吃合并菜，俗称"拷底"。现在农村在整个婚礼迎亲中还能见到不少旧式婚礼遗俗，如嫁妆贴红纸、摆置客堂；用土布交叉系被头，被头藏红蛋、糖果；马桶称"子孙桶"，内藏红蛋、花生、枣子、柏枝等讨个好口彩。女方父母示意发妆，兄弟端陪嫁"子孙桶"到门外男方始可取妆。新娘上轿（轿车）前要吃"上轿饭"，表示吃饱后到男家。女儿哭别父母，称"哭出嫁"，有的确实是真情流露，而有的则是做做样子表示惜别之情。旧时哭出嫁主要是母亲边哭边叙述"三从四德"，到夫家尊敬公婆，如何做人的道理。哭得越闹猛越好，称"哭发"。

迎亲队伍至场角，放鞭炮，新娘在轿车内换鞋，不将娘家废气带至新家，婆妈必定出迎新媳妇，携手导引入门。这里称埋伏笔，日后婆媳有口角而闹翻赶媳妇回娘家时，媳妇就可以婆婆携进门为由，回敬。

还有女方必备"子孙包"，两饭碗盒内有生米，藏有铜钿若干枚，一身衣服，一双布鞋。通常男方年长者手撑"子孙包"交给男方婆婆，安放在灶台上。

迎亲队伍进门前有的地区还用豆枝、芝麻梗燃烧,鱼贯跨火堆进门,辟邪之意,也称"门庭兴旺"。嫁妆抬进客堂绕屋一周或三周,名"绕白米团"。酒水好坏视实力,一般梅陇、虹桥、七宝酒水厚,松江、青浦酒水薄。宴席间婆阿妈介绍并叫应长辈,长辈给"见面钿",有10元、20元,娘舅、舅妈重一点100元、200元,上千都有。

闹新房,所谓"三日无老小,太公太婆都要闹一闹",称"闹发"。一般都是同事、朋友闹闹。而此时接下来妇女们急于开箱子,新媳妇交钥匙给婆妈,展示新媳妇嫁妆,俗谚"姑娘养来扫帚长,娘肚皮里生肚肠"。以物多价高为荣,争得贵贱地位。箱里除服装,鞋袜,被面子,还要配老布(七宝尖)。到90年代,一般农村也向城镇跑,住新村公房,嫁妆简便了,但一些马桶、"子孙包"等不会少。

集体婚礼:约在70年代初至90年代,地处近郊的虹桥、新泾、龙华、七宝等地集体办婚礼的事蓬勃兴起。它是以一个工矿或一个社队为单位,甚至以一个公社和街道为单位将几对、几十对或上百对新郎新娘根据她们自己的意愿,集中在一个礼堂、剧院、广场、工厂、工地等举行集体婚礼。新人多,来宾众,场面大,婚礼简单而隆重,花钱少,只买几斤喜糖,几盒香烟即可。集体婚礼是一种婚礼新风,它比一对新人的婚礼更热闹欢乐,又省时间,又省钱财,还有团结向上的气氛,所以它越来越受到广大青年男女的欢迎。

集体婚礼的仪式很简单:首先,由主持人宣布集体婚礼开始,通常团支部书记或团委书记担任主持人。在欢乐的运动员进行曲中新人进场,来宾们热烈鼓掌,党委书记或厂长等负责人做证婚人并作一两分钟的简短的讲话或称贺词，接着新娘、新郎的代表讲话，讲话以后，在《婚礼进行曲》等欢乐声中，鞭炮齐鸣。此时所有新郎和新娘成双成对向庄严的五星红旗三鞠躬，表示青年们对伟大祖国的热爱。然后，每对新郎新娘互相对拜，以示夫妻相敬相爱，白头偕老。最后，所有新人集体向所有参加婚礼的来宾们（有几十人，几百人乃至上千人）三鞠躬。此有热诚感谢之意，又有亲如兄弟姐妹的情分。集体婚礼就在所有新郎新娘向来宾们分发喜糖和欢声笑语中结束。

玫瑰婚礼、白玉兰婚礼：随着人民生活水平的提高，青年朋友特别是上海城市青年追求时尚，崇尚品味，享受浪漫。一些专门策划部门推出了国际流行的集体婚礼——玫瑰婚礼，白玉兰婚礼，近来上海上百对、上千对新人报名参加，成为国际大都市的一道亮丽的风景线。

白玉兰婚礼：婚礼隆重而新潮，一切按现代派举行，新人们以浦东东方明珠和现代化建筑为背景，新郎身穿燕尾服，新娘身穿白纱、白缎之晚礼服，手捧鲜花，向来宾们展示各自的风采，与来宾和来往市民共享幸福。这类婚礼一般组织者都租用豪华轿车，打扮得花枝招展，然后经景观大道，招摇过市绕上一圈。最后，再到森林公园、世纪广场等指定地点举行婚礼"结婚栽喜树"特别活动。在鞭炮和乐曲声中，肩扛铁锹，手拿树苗，喜气洋洋地挥锹挖土，将一棵棵幼树栽到肥沃的土壤里。新婚夫妇往往选择四季常春的松柏或生命力强盛的国槐，刻上自己的名字，借喻他们的爱情像所栽的树那样不畏酷暑严寒永远常青。此后每逢植树节、结婚纪念日、孩子生日等喜庆的日子，给自己所植的树修枝、松土、施肥、浇水。新婚栽喜树，不仅把特别日子纪念下来，还能绿化城市、美化环境，这种好风尚应发扬光大。举行这类高档次婚礼，组织者大都邀请电视台或演艺界著名人士担任司仪，婚礼期间还将邀请歌唱演员、滑稽演员穿插节目，制造欢乐气氛。整个婚礼全程用照相机、摄像机录制下来，制成VCD分送给每一对新人留作纪念。

婚礼是一种形式，时间久了，保持下来，就成了一种婚俗，然而婚俗根据生活习惯、地域、民族、宗教信仰等因素也在不断发生流传和变化。

车嫁妆

张志华

有次看到一篇关于踏新娘的文章，觉得有趣。有踏新娘的，必有车嫁妆的，我都经历过，老婆还是踏新娘踏来的。车嫁妆就是把新娘的嫁妆搬运到夫家，搬运嫁妆的，乡俗又称为"当官强盗"。旧时搬运嫁妆一般是船运肩挑的，所以就讲搬或拿（本地音读如nuo）嫁妆。到了20世纪七八十年代就用拖车了，故叫车嫁妆。所用拖车都是生产队装运蔬菜用的。

车嫁妆的大多是身强力壮的中年男人，因为这种人做事稳当又懂礼数，而且其中必会有个能说会道、德高望重的做头目，人称"强盗头子"，那样万一与新娘家"有闲话"出入，就不会吃亏，还会把事解决得稳稳当当。如果头目夫妻成双，生养的是儿子那就最适合不过了。

车嫁妆用几辆车那是有讲究的，不能多又不能少。多了，就会让新娘家人说："想拿伲屋里搬空，真个是像强盗抢了。"少了，就会说："看勿起伲喏，只当伲穷来买勿起嫁妆。"于是一般用八辆，讨个吉利。

装嫁妆的车有分工。以到最殷实之新娘家搬嫁妆为例，第一辆装子孙桶（即马桶）、脚盆、浴盆、梳妆用品。第二辆装自行车，以永久牌或凤凰牌最为风光。第三辆装缝纫机，那是要蝴蝶牌的。第四辆装被头、枕头，一般有十八床。第五辆装被絮箱、小皮箱。第六辆装樟木箱等。第七辆装电冰箱。第八辆装电风扇、小家电。八辆车装得满满的，一路望去风光万分。如果新娘家不很殷实的话，譬如说没有冰箱、家电之类，那就把嫁妆分装得稀疏点，凑满八车，面子上还是过得去的。嫁妆的多少轻重，决定新娘子家面子的光彩程度，也确立新娘子今后在夫家的地位，所以张罗嫁妆，是要"嫁囡"人家的重头戏。

车嫁妆，讲话要有规矩。如果嫁妆分量重，千万不能说"扛"，否则要"吃生活（挨打）"的，只有搬棺材才说："扛"，嫁妆再重只能讲搬、拿、端、抬。

结婚当天，大家将拖车从四面八方借拢来，擦去铁锈水，贴上红纸、缠上红绸条，弄得喜气洋洋。再备麻袋、被单、老布、木板，以防弄脏碰坏新嫁妆。一切均十分专业，如同现在的搬场公司出发。

车嫁妆的必先于踏新娘子队伍出发。前后八辆拖车，一长串车队浩浩荡荡，煞有气势。一到新娘子家场角头，就齐声吆喝："一帮当官强盗来哉！"这时新娘子家放鞭炮，人声鼎沸。车队在场上一字排开，"强盗们"大摇大摆步入客堂，新娘子家人递烟倒茶，甚是恭敬。若是碰到熟悉的潮浪头女人（年轻女人），会"凑有趣"，大家都很开心。

此时，忙碌也开始了。首先是由新娘子大娘舅高唤一声"发妆哉"，于是用红绸缠着的扁担挑起子孙捅跨出大门装在第一辆拖车。接着在众目睽睽之下，"强盗们"搬、拿、端起她的嫁妆，按规矩装车。

嫁妆车刚出新娘子家场角，必稍停，开始精彩的一幕。"强盗们"争抢嫁妆里的茶食。有经验的老强盗，先下手为强，摸光藏在被头里的喜蛋，子孙桶里的糖果、长生果、枣子等。但见还有几个毛头小伙子"勒垃被头里鸭吃砻糠空起劲"，啥东西都没弄着，引得一场空欢喜。那都是娘家先前放进去的，寓意吉祥如意，子孙满堂。其他人当然不甘心，难免争执，大家快活无比。

　　嫁妆到了新郎家，都放置在客堂里，一一排放，堆放得有模有样展示给大家，然后将所有嫁妆放置到合适地方。夜酒上，邻居隔壁的女人就吵着向新娘子讨钥匙，开箱子。车嫁妆是男人的事，而开箱子则是女人的事了。那是新娘子展示重头家当的时刻，几多喜悦、几多紧张。箱子打开，如果有硬头货——银行存折，会引来一阵尖叫、欢呼，要是千把元的，新娘子则颜面生光。如果只有毛线、衣服、被褥而没有那硬头货，可真是坍台了呀。

　　夜晚，亲戚朋友互相打着招呼，陆续离席。车嫁妆的男人却迟迟不肯离去，继续喝酒、吹牛、嘎讪胡、闹新房（闹洞房）。

油灯

陆益明

就在被称为"不夜城"的大上海边缘，我们这一代人是赖着中国百姓几千年来使用过的古老灯具，度过了整个少年时代的。

那时最普遍使用的是油盏灯。粗制滥造的陶质灯檠上放一个上过釉的棕色小盆，盆内盛着浅浅的菜油，放上几茎灯草，点上火便是一盏灯。要省油，只燃一根灯草，要明亮些，同时燃两三根灯草。灯草须常常从油中挑出来一点，才能保持亮度。灯草是一种植物的茎芯，又细又轻，空心而极富弹性。（"灯芯绒"就是因为布面条状酷似灯草而得名的）灯草上沾有杂质，会忽然爆亮，这就是民间故事中常说的"灯花"，千百年来被人们认为是一种吉兆。油盏灯很暗，不受风，移动灯盏稍快就会熄灭。在油盏灯幽暗的光照下，我们接受了最初的文化启蒙。

大约在上海解放前后，家家户户都改用起煤油灯来。简单的煤油灯叫"出蓬火"，不加玻璃罩，一根火苗烟熏火燎地，满屋子都是煤油味。在这种"出蓬火"下做功课，一不留神，常被烧焦头发或眉毛。时间长了，鼻孔都被熏黑了。于是有小孩子念书的人家又改用有玻璃罩的煤油灯，俗称"料泡火"。料泡的好处一是明亮，二是可随时旋动灯芯调节亮度，三是不冒烟。麻烦的是每天要用布条擦拭灯罩。擦灯罩是一件很需要小心的事，先向玻璃罩内呵一口气，待玻璃上蒙上一层雾，乘潮湿赶紧擦。大人的手大，伸不进去，于是擦灯罩常常让小孩子做，小孩的手指短，中间擦不

1958年，七宝镇居民家中亮起电灯（资料图片）

到，便用一根筷子卷着布条擦。

"料泡火"还有一个极妙的用处，可以用来在蚊帐里捉蚊子。把上端的口子悄悄移近蚊子，蚊子被烫便毫无招架地跌落进料泡口。如果跌进去的是苍蝇，便嗡嗡地乱叫乱跳，直至挣扎不动。夏夜用料泡捉蚊子，是每户人家临睡前必做的"功课"。

20世纪50年代初，一些小镇上开起"发电厂"，其实是蓄电池充电的地方。于是许多家庭买了电瓶，俗称"奶子灯"。"奶子灯"最多只能用一星期，等电珠发红时，需送到"发电厂"充电，一个电瓶充一天，收费一角。傍晚时分，人们纷纷到"发电厂"拎回一只电瓶，一时成了小镇的一种奇特景观。

逢开会或是家中操办大事，便用"汽油灯"，其实也是煤油灯，需要打气加压，这种灯的亮度已经接近电灯了。当时唱"小热昏"卖梨膏糖的江湖艺人晚间开场，用的便是这种灯，小镇人就在明亮的"汽油灯"下津津有味地一晚又一晚地听着《顾鼎臣》等铍子书。卖艺人遇到生意不好时，往往会借口汽油灯汽不足而匆匆熄灯散场。

大跃进时期，又出现了"沼气灯"。那时用不起橡皮管，长长的气管居然是用打通了节的芦苇秆连接而成的，真可谓是一大奇迹。那时有大批城里干部下乡，于是又把"电石灯"带到乡下。在灯肚里扔一把电石，加进水便可点燃，后来才知道这其实是"乙炔灯"。"电石灯"有一个奇怪的灯芯，像是泥做成的，上面布满小孔，火焰在泥芯上燃烧。

直到20世纪60年代初，小镇才普及电灯，乡下人自此才真正告别那些奇奇怪怪的灯具。

远处响起悠扬的渔歌

华伦其

我家在张家里，人们习惯称之为"外沙港"，它位于北沙港南出黄浦江口的东岸，即现在的马桥镇友好村张家村民组（1970年前的友好二队）。20世纪50年代以前，在这个以张姓为主的自然村落里，约有一半的人家都和我们华姓宗族有姻亲关系。我在那里度过了一段美好时光，虽然时隔多年，往事却历历在目。

在寄爹家捕鱼，摘菱角

寄爹三兄弟在黄浦江里架设了一个很大的"罾网"，三家轮流去扳罾，即拉网捕鱼。捕鱼时大都选择在潮汛涨落时的晚上，偶尔也会在农闲季节或大潮汛期间的白天。我跟寄爹和两个表叔去"白相"，都是在月光皎洁的夜里。

第一次去看扳罾时，我被寄爹保护着踏上由三根毛竹铺设的竹桥，在"咯吱咯吱"的响声和颠颠晃晃的摆动中走向中间那个"罜（音máng）棚"，我害怕得几乎移不开步子。寄爹便教我："走竹桥时，人要和桥的晃动保持同步，才不会被颠下去。"我在寄爹的搀扶和鼓励下，终于走完这段十几米的竹桥，到达"望棚"后往下一看，棚下就是波涛汹涌的江水了。但这里还只是捕鱼人守候和拉动起网绳的地方，那个硕大的罾网还在

捕鱼大都选择在潮汛涨落的晚上，偶尔也会在农闲季节或潮汛期间的白天（资料图片）

另一段更长的竹桥之外。

后来某一个白天，我才敢走到这座竹桥的顶端，发现黄浦江的滩涂在离江岸约三十米开外处有条清晰的分界线，罾网要设在这条深水线之外才能够捕到鱼。据潜入过浦江深水处的人们说，黄浦江底有着几层类似楼梯一般的层级，只是这条在滩涂与深水分界处的层级线比较明显而已。

"望棚"是捕鱼人住的小棚，用两扇旧门板架设在竹头桩上做卧铺，左右两面用竹片弯成半圆形的穹顶，再用稻柴盖上，以防风雨。我跟寄爹他们看扳罾时就坐在这棚里。除了看大人们捕鱼外，主要是听寄爹给我讲黄浦江的故事，看月下黄浦江的景致，听远处江面上传来悠扬的歌声。

寄爹家西端有个"茨菇形"的大河头，每年春天河面上会长出叶子大小的菱秧来，叶子较圆较大的是水红菱，叶子中等叶边略钝的是两角菱，整个叶片小而尖的就是"狗头菱"。

夏秋交替之际正是吃嫩菱的最好当口，而这时候恰是乡间"歇秋""老囝还乡，去望爷娘"的季节。我母亲每年都会在这期间做许多"烤"，用一对旧罩篮子装满后，挑着到外沙港去看望各家亲眷，而且每次都会带着我住上几天，于是我就趁此机会缠着寄爹家的表姐去摘菱角。

表姐经不住缠，让我坐进"湖船"里，而这时她早已在我坐的那头放了稻草垫子以防船底渗湿。表姐知道我好动，就用一条老布长带子将我拴在她的腰间，然后一边叮嘱我注意安全，一边用手划着水探起菱来，还时不时地剥一只水红菱肉塞在我嘴里。

"狗头菱"是一种菱角特别尖且有"倒刺"的野生菱种，如果只用牙齿咬开它那层壳，则吃不了几只，嘴唇就可能被刺破出血，所以人们都用刀将那菱壳剖开，再用尖物挑出肉来吃。

野生的"狗头菱"和其他野生植物一样，成熟期要早于人工栽培的作物，所以表姐每一次探菱，总会摘不少老"狗头菱"。将其烧熟后，寄妈用菜刀将它们一只只劈开，然后拔下头发团上的一只"压发髻"揩干净，再耐心地挑出菱肉来让我吃，直到我吃得肚皮发胀时，寄妈才将那些零碎的菱肉末子弄出来自己吃。

听董家阿奶说古，唱儿歌

张家里娘舅长年在外帮人家撑船，即使回来一次也住不了一两天，因此实在帮不上家里多少忙。舅妈的母亲担心自己的女儿被拖垮身体，便经常过来帮助料理女婿家里的内外事务,而且每次都会住上几天。我因为一年中要跟母亲去张家里好多次,就常常看见这个慈祥而又风趣的老人,我也跟着表哥们称呼她"阿奶"。

阿奶住在"紫藤棚"东面的"董家老宅"上,是个很能说古和唱山歌、儿歌的人。她早就晓得我是个"呒爷囡",因此总是特别照顾我。

"歇秋"期间,我和母亲会在舅妈家里过夜。吃过晚饭,众人坐在场上乘凉时,我就缠着阿奶给我指星星讲故事。于是她便指着"天河",一一说着"牵牛星(牛郎星)""梭子星(织女星)""七簇星(北斗星)"的神话故事,还用顺口溜讲天河位置与地上季节、庄稼收获的关系,如"河东西,吃新米(秋冬);河南北,喝麦粥(春夏)"之类。

阿奶能唱出很多儿歌来,还教我怎样听懂儿歌里的各种意思。犹记得一支儿歌唱道:"啷啷啷,骑马上松江,松江买包糖,糖甜;买斤盐,盐咸;买只篮,篮漏;买斤豆,豆香;买只姜,姜辣;买只鸭,鸭叫;买只鸟(音diáo),鸟飞;买只鸡,鸡啼;买只犁,犁驰三亩田。"儿歌虽然简单,却详细讲述了事物的不同功用。

又如讲一个家庭里夫妻二人,在面对眼前快活与扶老养小而表现出来的不同态度时,她便唱出这样一支儿歌:"野鸡野鸡共共飞,飞到娘舅拉竹园里;娘舅捉着要杀脱伊,舅妈教佬养拉歇,养到来年孵小鸡。小鸡小鸡呒道理,屙污屙拉青草里。青菜玫瑰花,翻转地皮种黄瓜;黄瓜长得两头大,拿到店里换豆腐;豆腐烧来烘烘香,先盛一碗孝爷娘。"

再如讲一家老小要相互关心,家庭才会和睦兴旺时,董家姥姥就唱出这样一支儿歌:"天上星,地上星,张家婆婆拿点心;拿拉啥点心?豆腐炒面筋。拿到啥里去?拿到踏车场上去。拿拨啥人吃?倪家儿媳和孙孙，伊拉老早就出门，肚皮忒饿身没劲……"

我和母亲去过阿奶家，它是一座凹字型五开间半绞圈式房子的东半部分，两边各有一间厢房但没有前埭房。在西面不远处，有几幢很气派的大绞圈房，在一幢绞圈房场前还竖立着两根高大的青石柱。

"董家老宅"是个东西呈一字形的大宅基，门前河边的中段地方有座石桥，宅前临河边就是一条从紫藤棚、吴会街、中渡桥一直延伸到松江去的古老官路。

逢外沙港"秋社"，看戏

我和母亲到张家里舅妈家走亲期间，遇上了一次外沙港两岸乡间喜庆丰收的"秋社"。

那是1952年，大约是"土地改革"后的秋天。

在这年晚稻成熟前，舅妈说今年秋收过后他们那里要"做社"，唱几天戏，让我们一家人早点到张家里去热闹一番。

巧的是这一次娘舅和宅上另外一个也在摇船的三表叔，不但被船老板准了三天假，还摇了一只大木船回来。

于是我们一家、马桥舅妈一家、娘舅一家和三表叔的兄弟几家人，在第一夜看戏时，都是通过这艘船接送过沙港的，而我和众表兄弟姐妹们则在这条新抹过桐油的船上度过了愉快的时光。

外沙港出黄浦江口的地方有个渡口，渡口上的船既为河东河西的人们摆渡，还为浦江南北两岸的行人摆渡。

20世纪50年代以前，沙港渡口西岸有一个茶馆，那里有一排房子，其中一间大房子里排着许多板桌和长凳，能坐几十个人吃茶。靠墙处有一个稍高的小戏台，那里经常有说书和唱滩簧小戏的表演；几间较小的房子分别用来做杂货店、点心店、茶馆等店主的房间。另外，还有一个可以住四五个人的大房间。茶馆门前有一大片场地，不时有从苏北摇着小船来此地打鱼谋生的人在这里修船和晒网，在场地一角还搭着几个简易的船户小草棚。因此，这个临江茶馆在那时候很是热闹。开茶馆的是北面不远处朱家塘宅基上一个长得人高马大，属于"双料头"体型的中年农民，为人极和善且广有人缘。

那天，在茶馆门前的场地上搭了一个戏台，戏台周围挂着两只汽油灯，那灯光将戏台上下照得如同白昼。

从外沙港两岸四面八方扛着长凳赶来的，从浦南摆渡或摇船过来的看客挤满了场地。沙港河口和浦江靠北岸处的水面上停满了看戏的大小船只，在那些大船的船舱"平肩板"上，放满了板桌和凳子，船户们便坐在船上一边吃着茶点一边听戏。而在那些较小的船只上，船主们大都爬在敞棚顶上看戏。

因为我的兄长事先已和他姨夫讲过要借用茶馆的长凳，所以娘舅用船送我们一行到戏场后，兄长姨夫就将众人引往离戏台不远的那几排凳子上，旁边还放了一只小板桌，上面放着茶水和瓜子。我和一群年岁差不多的表兄弟姐妹，在开场之前，则充满好奇地到处乱窜。娘舅为防止我们出什么意外，除了让我那个十几岁的金华大表哥做"囡葡头"看着我们外，还用篙子将船头船尾撑牢，坐在船上边看戏边注意着我们。这天夜里，江面上隐隐约约地闪动着鱼鳞般的波纹，还有来来往往穿梭不息的船只。

开戏以后，只见穿着花花绿绿衣裳的人在台上走动，他们"咿咿呀呀"地唱着，颇有几分味道。在这块汇聚了几百人的场地上，除了时而响起的喝彩声外，几乎听不到别的杂乱声音。

那戏文里唱的是什么我一句也没有听懂，只觉得坐在娘舅的船上到沙港口看夜景是再开心不过的事情了。为了让我们这群孩子能够静下来，娘舅拿出了一包"长生果"让我们坐在"平肩板"上剥着吃，又拔去了头尾上的篙子，将船慢慢划出人群。

娘舅把船撑到黄浦江里就对我们说："我晓得叫佴一帮小囡来看戏赛过是'看戏看卖芝藤糖'，今朝索性让你们开心个够，我摇着船领大家去夜游黄浦江！不过先要讲好，在黄浦江里可勿像沙港口，因此要坐到船舱里去，随便啥人勿许乱跳乱动！啥人做勿到我就勿领出去白相！"

见娘舅要带我们夜游黄浦江，众孩子就都听话地下了船舱扒在船口上。在娘舅虽慢却有力的摇橹下，木船就缓缓地向上游去。渐渐地，江面的两侧只见乌蒙蒙的江岸和零星的树木了。当木船摇过江湾时，可以看到那里架设着很多"罾网"，有人正在拉网捕鱼。在偶尔摇过的零星"小船"上，不时地传来有人也许因捕获颇丰而唱起的悠扬的渔歌……

放学回家做皮影

褚半农

我对皮影的爱好自然是受家乡皮影戏的影响。20世纪五六十年代的农村，农忙前后，各个宅基都会请皮影班子演出。我们这些楼偷头（小孩）是哪里有戏就往哪里去。记得还是在上三年级时，在看过一次皮影戏后，我和伙伴们突然陷入了对皮影的狂热爱好之中了。

我本来就欢喜画图，这回有事做了。放学了，回家第一件事就是做皮影。我把皮影头像一个个描绘在白纸上，勾好墨线，涂上彩色，当作宝贝一样藏着。随着皮影头像的增多，我对皮影人物的熟悉程度也增加了，知道哪个是忠臣，哪个是奸贼，哪个是元帅，那个不长胡子、样子有点娘娘腔的头像呢，是仙人。有了漂亮的头像，必定会激起大家一起做皮影的热情。当然是先做皮影头，难度也在皮影头。一切都是自己动手，全部土办法，没有牛皮羊皮，就用白纸做。我们在画好的头像上一一上好颜色，大红大紫，非常鲜艳，然后在正反面覆上白纸。白纸不透明，看不清头像怎么办？我们自有办法，在上面涂上菜油，覆一层白纸，就涂一次菜油，大概要贴四五层。等干了后，里面的人像、色彩就看得出来了，再把它剪下来，皮影头像就做好了。也有更好的办法，把涂上色彩的头像贴在最外面，看起来会更清楚。这都是小伙伴们一起想出的窍门。

皮影身体做起来就方便了。我们用硬板纸画好轮廓，剪成三段，再用线连起来，配上手臂，武将还要给他配上一把武器，如长矛、大刀等，缝上操纵用的细竹竿，再把头像插上去，一个完整的皮影就做好了。我们做的皮影不仅在老宅上玩，还带到学校里玩，这给当年没有多少活动器具的学校带去了新鲜和活力。我们太喜欢皮影了，老师讲课时，也会手痒得忍不住在下面偷着玩。被老师发现了，当然是没收。这没有关系，家里皮影多着呢，就是没收光了，最多放学后再做一个。有皮影的日子多开心啊，就是在上学、放学的路上，我们男生经常是拿着皮影，手舞足蹈，嘴里不停地喊着"呀呀呸"，边走边杀向女生的头上。那段时间的皮影，留给我的记忆是快乐和美好的，土得不能再土的自制皮影里，充满农村孩子的天真和童趣，各自做的皮影还成了互相之间自我吹嘘的资本。在当年，可以毫不夸张地说，我做的皮影最多，也最漂亮。原因不是别的，因为我画的图在老宅上是最好的。

皮影留给我的记忆不全是美好的。我清楚地记得，到四年级时，我已画好了几十个皮影头像，还把它们装订成册，连同自家做的那些硬板纸皮影，都当作宝贝一样珍藏着。不想等我从部队复员回来，我的那些宝贝，早就被狂呼革命口号的造反派、红卫兵们，以革命的名义，当作"四旧"一把火烧光了。当然，被烧光的不只是我的皮影宝贝，这把火也不是单为着我的皮影烧的。"文革"的开端在文化领域里打开突破口，是有其更重要的目标。我把自己的皮影称作宝贝，充其量不过是一个小孩自做的手工艺品，"文革"对这些都不能容忍，更不用说对真正的皮影了。邻村一个皮影老艺人，他的宝贝才多呢，整箱整箱地，也在这把大火中烧得一干二净。皮影没有了，但皮影的遭遇留在了人们的记忆里，一场浩劫铸成一段不堪回首的历史，这是今天善良的人们不能轻易忘记的。

家乡的皮影现在被列为非物质文化遗产，要加以保护了。我的一个朋友还被确定为传人，一年到头忙着演出和宣传，这是好事。现在人们的娱乐活动日趋多元，皮影生存、发展的外部环境已不复存在，想要恢复到当年的辉煌肯定也不可能了。但把它当作一项文化遗产加以保护和继承，反映出的事实是，毕竟时代进步了，只是现在学生放学后做皮影的时间早已被剥夺光了。在这一点上，可不可以说是时代的退步呢？每当回忆起皮影戏时，这样的疑惑常会在我心头升起。

滚铁环

褚半农

滚铁环因要有一定的速度而让人全身暖热，它最适宜在天冷时玩，也是我们当年冷天时常玩的项目。

农村孩子滚的铁环哪里来？那时店铺里不出售这种东西，即使有我们也买不起。要滚了怎么办？只能自家想办法，多数是把自家圆木桶上的箍敲下来当铁环用。各家的桶有大小，箍就有大有小，材质也各不相同，有的箍是竹篾编的，有的是真正的铁环，还有铜箍的，反正是就地取材，只要是圆的就行。一次，阿二头看到别人家在滚，自家没有，那手真痒啊，怎么办？就回家把粪桶上的铁箍脱下来。可这样一来，粪桶要散了。为此，他被父亲狠狠打了一顿。第二日，他在自家竹园里斩了根竹头，劈开来，用竹条弯起来做了个称不上"箍"的圆圈，才聊胜于无地过过瘾。箍有了，还要个推杆，这就需要铅丝了，最好是八号头粗细的。铅丝在当年也不是随便可找得到的，要找长的、粗的更困难。但这也难不倒大伙，没有粗的用细的，两根或三根绞起来就变粗了。长的没有一小段也行，只要能做成弯钩状就行，再接上一段竹头就成推杆了。阿二头家箍没有，粗铅丝倒有，他曾给过我一小段，让我解了"有本事吭家生（工具）"之急。想想看，靠自己动手，滚自己的铁环，能跻身于滚铁环的队伍中，这种开心的感觉是有钱也买不到的，至少证明，我也行。

滚的关键在于掌握好平衡，还要有一定的速度，否则环就会跌倒在地。这时，手上的推杆就像方向盘，通过它来控制速度和方向，让环在手上如臂使指，前进自如而不倒。因材质不同，滚的技术要求自然也不同。竹篾编的圆环直径都较小，分量也轻，滚起来跳动幅度大，重点是怎样应付向前滚时的跳动。有的铁箍是从上大下小的木桶上退下来的，这种箍的上下边带点斜撇状，滚起来重心不易掌握，前进时会侧向一边，要不让它倒下来，技术难度更高。我滚过这种箍，开始时当然是顺着铁箍侧向一边走，慢慢地，知道要用右手拇指恰当地向右用力，变成让铁箍跟着我的意思走。以我多年的经验，铁环直径在四五十厘米的为最好，还要有一定的重量，这种环滚起来会很稳。各人的环还会互相交换着滚，这样，老宅上的伙伴们个个都练就了一手好本事，既能滚铁环，也能滚竹箍，还能滚斜撇状的怪铁环。不管滚哪种环，从不会滚到会，是很快就学会还是久久不熟练，这都是对我们耐心和平衡技巧的考验。你在看着别人滚，你也被别人看着滚，说到底，是人灵巧不灵巧的表现，谁不想露一手呀。

除了在场地上滚，我们还常到官路上去滚。比起场地来，官路虽然不能说崎岖不平，起码是坑坑洼洼较多，前面情况又多变复杂，能在官路上长距离滚而不倒，这才是真本事呢。一路上你既要时时保持环的直立状态，要控制好重心，不让它倒下去，还要时时注意路上的坑洼，看到了，不能犹豫不决，要在冲过去落地的同时，掌握好时机立即向前推去，让环的转动保持连贯，它就不会倒了。有时会遇到小缺口，我们也会看准了路线，一冲而过。官路通到学校，我们就常常滚着铁环上学堂，等滚到学校，再冷的天也是浑身热气腾腾。在上学和放学的路上，我们专注于提高滚的技术和水平，一段时间下来，不只是技术好上加精，人的奔跑能力以及身体的灵活性、协调性，要想不提高也难。

一个时期有一个时期的玩具，到我们的第二代时，铁环已经少有人滚。如今，小囡手中好玩的东西多了，他们的兴趣自然也转移了，谁还会把滚铁环当回事？况且课内外作业那么多，小囡哪有时间、心思去玩这个？如果哪家小囡想要滚，那环，那推杆，却比我们当年更难找了，而让他们动手做变得近乎荒唐。氛围和条件都没有了，再想滚铁环变得不合时宜了。而对从小就没有玩具的我们来说，获得过无限乐趣的滚铁环，早就在心灵深处留下印记，天长日久便成弥足珍贵的记忆了。

那时候这样避暑

罗 宏

窗外烈日高照，大地滚烫，气象预报竟然达到40摄氏度，吓得我都不敢出门，天天窝在家里，在空调房里多自在啊！回想小时候，20世纪70年代末80年代初，没有电扇，更没有空调，好像也不觉得特别热，那是因为我们自有避暑的方法，说来与你听听，你是否曾经也经历过？

那时我住在北桥乡下，农村建筑都有客堂间，占据了整幢建筑的中间位置，前后大都是厨房间和自留地。说来也奇怪，在大热天里，把客堂间的前后大门关紧，你会觉得整个屋子倒是"阴笃笃"的，然后我们在客堂间的泥地上，铺上手艺人到家里来"打"的竹席。穿着汗衫短裤，和哥哥姐姐抢着躺在竹席上，倒很是凉快呢！

又或者我们会搬个长条宽凳子，来到小弄堂里避暑。那时我们村庄里绝大多数人家还是平房，很多人家之间的房子不是连在一起的而是独立的，独立的房子之间会隔开一段一两米的距离，这样就形成了一个绝好的小弄堂。那时的村庄没有规划的概念，房子前后左右凌乱建造，所以这样的小弄堂很多，且弯弯曲曲的。在那里，太阳晒不到，弄堂风又很大，如果这时准备一些在井水里"浸"过的"芦粟"，吃起来冰冰凉凉的，甭提多自在了！

我家旁边50米处，有一座石桥，相传和我爷爷的年纪差不多大。石桥是多孔桥，其中最大的一个孔似乎有一个房间那样大。它是去村庄的必经之处，也是村庄通往外界的主要通道。很多时候，这里是男女老少聚集、纳凉、社员们开会的场所。石桥由一块块大石头砌成，桥洞里的石块在夏天时摸上去凉凉的，贴着洞壁坐，觉得还有一股凉气呢！热风从外面吹来，到了洞里好像降温了。大人们"嘎汕胡"的、"结帽子"的、"扎鞋底"的很是惬意！我们小孩，则是来到旁边的几个小孔中，占据了有利位置，光着上身（我记得自己五六岁了也是赤膊上阵），穿着花的平角短裤，赤着脚，一起在桥洞里"翻大包""挑绷绷"，有时还"畔野猫"。我的哥哥不知从哪儿找来了一根钓鱼竿，绑上妈妈纳鞋底的白线，穿上蚯蚓做诱饵，居然坐在最中间的桥洞里，居高临下地钓鱼，亏他想得出。

虽然外面树上的"响铃"（蝉）"呀五次——呀五次——"地闹个不停，但是在桥洞里好像也不觉得热，可能与架空在湖面上也有关系吧，大家有得玩又能避暑，自然快乐舒服得不得了。

到了傍晚，我们也有避暑的妙招，那就是去屋前的"四号河"里游泳。只要看到哥哥和一帮男孩拿着大木脚桶，我也就拿上毛巾迫不及待地跟上。但是别以为我会游泳，其实我也就是在"水桥"边装模作样。我先是会像男孩子们一样，站在最下面的"水桥"上撩起一掌水，拍在前胸，这样的动作要重复几次，据说是为了让身体适应冰凉的水温。接着我就只能摸着"水桥"，慢慢走下河，两手是万万不能离开"水桥"的。之后要紧紧抱住"水桥"，让身体浮起来，两脚"噼里啪啦"一顿乱甩，水花溅得老高。旁边的小姐妹恨死了，也进行还击，"噼里啪啦噼里啪啦"，用脚进行的水战很是激烈，水桥头边只看到溅起的水花。哈哈，凉快极了！现在你知道了，我是不会游泳的啦，但是在傍晚的小河里避暑真是不错，我们还把水战权当作洗澡（那时都没有洗澡条件，夏天就在河里洗澡，回家拿毛巾再擦擦就完事了）；有时，还会在"水桥"下摸到螺蛳，它吸附在石板下，一抓一大把；哥哥在河里摸到的河蚌，回家后都会交给大人当作晚餐的小菜。

如今夏季窗外已没有"呀五次——呀五次——"的蝉鸣大合唱了，只能听到家家户户空调外机的"呼呼"声。回忆童年避暑趣事，好像就在眼前！

清贫的生活，快乐的童年。满足就好！

莘庄的桥

瞿金其

我见过不少桥，也走过不少桥。

我走过让"天堑变通途"的万里长江第一桥武汉长江大桥；第一次坐火车到南京，凌晨3时就走了刚竣工的南京长江大桥；到兰州，当然要走黄河第一铁桥；在雪域高原，走过西藏拉萨河上的拉萨桥；地处松江的黄浦江上第一桥松浦大桥通车那天，与宅上弟兄骑自行车赶去畅骑了两个来回；杭州湾跨海大桥、洋山深水港桥、长江隧桥、崇启大桥等一通车，都以先走为快。有机会到国外，也走过美国旧金山、澳大利亚悉尼等大桥。

但是，记忆最深处、感觉最亲近的还是家乡的桥！

闵行多桥，不少地名也都与桥有关，虹桥、颛桥、马桥、北桥等等。据《上海县志》记载：1949年，上海县有公路桥61座，1958年，西郊区并入上海县增为198座，至1984年全县公路桥192座，农桥（人行桥、拖拉机桥）1373座。

莘庄是生我养我的故乡，原名莘溪。据《重修华亭县志》记载，清代有桥129座。据《莘庄乡志》载，至1987年，有桥181座。老莘庄人都知道，莘溪（1965年填没，现为莘浜路）上曾有8座石桥、木桥，如与七宝蒲汇塘桥同为市桥的建于明代的会龙桥，还有跨度为24米的三块石桥财神桥。

记得我家门口有用三根石条搁起的无名小桥，6 岁时我提前就读小学一年级，遇上暴雨洪水把小石桥淹没了，我放学回不了家，急得在桥边望水直哭，好心的宅上叔叔、探着水把我背过了河。清代所建的沪杭铁路莘庄境内有三座铁桥，我和小伙伴们曾躲在桥下听那火车在头上驶过时的"隆隆"声响，甚是刺激。

　　我回乡种田后，曾肩挑百多斤重的稻担，迎着七、八级狂风，走在只五、六十厘米宽的垄沟（实为引水渡槽）桥上，稍不当心就会被吹落桥下。撑着脚劲，凭着蛮力加巧力，硬是把一担担稻梗挑到脱粒场上。也作为农民工参加过筑桥堍造桥，淀浦河上的莘光桥、南马桥、沪闵路桥等都曾为它流过数不清的汗水。记得建造莘庄立交桥时，爷爷握着我的手说，真想等这座桥造好后上去走一走，可惜他没有享受到这等福分。

　　桥，与城市发展密不可分，也与我们的生活休戚相关。沧海桑田，在历史的长河中，旧的桥必然会湮灭，新的桥需要我们去构筑。桥的故事，也必将会延续下去。

乡间冬日即景

邵嘉敏

抄脚炉

脚炉（资料图片）

相比于北方，南方的冬天是湿冷，感觉上比北方更冷得难熬。靠啥取暖御寒？过去，我伲市郊农家是离不开脚炉的。

它由黄铜制成，盖子上有多小眼孔，还排列成花絮状。因经年使用，泛着淡淡的黄光，铿铿亮。早晨，乡民烧好早饭，第一件事就是把灶肚里未燃尽似炭状的花萁柴抄到脚炉里。有条件的，脚炉底里放上砻糠或木屑，使脚炉里的热量更持久些。刚抄，会冒阵子烟。一歇，烟尽了，就可盖上炉盖，让其慢慢延烧。烘脚烘手烘衣裳，暖烘烘的。几个时辰后，热量稍减，随便找个竹爿，沿炉边轻轻翻动，把上面的灰翻到下面去，火又弥漫了，热量上升。脚暖了，周身就不冷。

嘴巴馋时，可在脚炉里煨上几粒玉米。把橙黄的玉米粒埋入灰内，一歇歇，"扑"的一声，玉米粒破灰而出，黄色的衣爆开，露出雪白的梅花状的肉，甚是养眼，很有乐趣，喷香扑鼻。

到夜里睏觉前，把脚炉放入冰冷的被窝里焐一歇，待会上床就不会钻冰窖了。脚炉取出被窝，还可让它再发挥余热。把布鞋、棉鞋放在脚炉上烘着，到明朝起来，穿进去是暖暖的、干燥的。

脚炉，真是彼时节能环保取暖找乐的好器物。

搓稻柴绳

寒冬腊月，农活相对闲了些。事实上，农人是闲不住的。除了罱河泥、浇泥浆，冬翻等侍弄泥土的活，还有一项常规必做的活，那就是搓稻柴绳。

把秋收时脱粒后收藏的上好稻柴脱去近根部的柴壳，浸水一两个时辰，取出后用木榔头轻重适度地敲一敲，使其柔软。按照粗细需要，以两

搓稻柴绳（资料图片）

三根稻柴为一股，两只手捏成两股，在两个手掌间呈螺旋状朝一个方向使劲搓紧。临近三分之二时再左右交替不断添加新柴，使之不断延伸。如此这般，用稻柴手工搓揉而成的绳索在搓绳者身后不断延长。

搓稻柴绳貌似简单轻松，其实不然。一是要用暗劲，否则蓬松不结实，不经用；二是手掌皮要老到，初学者往往会搓破皮。待操练久了，手掌慢慢磨砺得起茧了，功夫到了，搓出来的绳才紧实挺括，粗细均匀，经久耐用。当时，这是生产队里规定每个劳动力的基本任务，然后记上工分。队里用它搭小寒（豌豆）棚、豇豆棚、丝瓜棚等蔬菜棚再好不过了。

舂　粉

过年前，乡间必要炱糕，慰劳自己，讨个吉利。那时还少有把米碾成粉的粉碎机，只能在石臼上人工操作。

舂粉工具——脚臼（资料图片）

把隔夜浸泡、淘洗干净的粳米、糯米，按一定的量倒入尺半大小石头凿成的石臼里，用木柄上端加上石块的舂杆使劲舂，使米粒粉碎。到一定程度，舀出用细密绷筛筛出细粉，其余再入臼舂。循环往复，直至全部成细粉。这样做，少量的米还可以。米多的话，既吃力，效率也低。

乡间自有智慧在。不知是哪朝哪代传下来的，乡民把石臼埋入地下三分之二，后方制成跷跷板状的踏板，中间按木轴，前方头部装上舂杆。舂粉者站在这跷板上，一脚向后用力，使舂板上升，另一脚向前用劲，使舂杆落下。因用的是脚而不是手，这种臼便叫脚臼。利用这杠杆原理，舂粉自然省劲多了，效率也比用手臼舂粉高。

人们边舂粉，边说笑，边期望着米粒快点变成细腻光滑的米粉，回家再经过溲粉等工序，奘出又香又甜又糯的方糕、桶蒸糕来，快快乐乐过春节。

茶馆漫忆

瞿金其

20世纪五六十年代,茶馆红火,茶客众多,单莘庄镇上就有好几爿,附近地区也有不少。茶馆一般傍河临街,一两间门面,二三十张茶桌(多为八仙桌,也有长条桌)。茶客进门,随意坐下,喊一声红茶或绿茶,茶倌随风一样飘来,左手拎一把紫砂或陶瓷的茶壶和一只茶盅,右手一只铜质或白铁皮焊成的大水壶,艺术表演般把茶壶斟满。茶客即可喝茶品味,自得其乐。

老茶客习惯专孵一爿茶馆,座位也基本固定,除非茶馆生意实在闹猛,一般不会有人坐别人的位置。有的茶客还有固定的茶壶(自己带或茶馆专置)。喝茶时若临时有事须离开,不用交代,只要将茶壶盖翻转在壶口,茶倌就不会把茶具撤去。当然,别的茶客也不会来占座位。

春夏季节,喜欢喝早茶的茶客清晨三四点就出门了。他们手提竹编"杭州篮",篮里自己种的蔬菜,或几条丝瓜、黄瓜,或几把香葱、韭菜。放在茶馆门口卖,以资茶钱,或换点茶点,叫上二两土烧酒,一副优哉游哉的样子。

茶馆里厢(向,上海人用"厢",当地人用"向",读音不完全一样)茶客的话题永远是宽泛无边的。开始时有主题的,但一会就发散开来了。张家长李家短,东是黄浦西是海,有叙述的,有评议的,也有争论的。说不完的旧闻轶事,道不尽的鲜活话题。人人都是主角,个个都是听客,没有冷场的时候,像无轨电车开到哪里是哪里。有的事情有鼻有眼,也有

在茶馆中,还可以听听说书,做一回听客,图为七宝老街的茶馆(资料图片)

的事无根无攀,这正应了一句老话:佘来个榔头吰没柄,大家听过算过。一个人,一户人家,一个宅基,一个村庄,一个公社,一个县城,上至天文地理、下至鸡毛蒜皮,无所不谈。昨天发生的事,通过茶馆一个早晨的传播,到下午已是家喻户晓,比广播喇叭还快,还活灵活现。难怪那时的大队和公社干部都十分注重茶馆里的声音。那可是最原始的"民声"啊!

茶喝白了,人神清气闲了,日头也升得蛮高了,该上路回去了,田里有做不完的生活等着呢!茶馆也该收拾一番,迎接下一档茶客。有闲的茶客,还可听听说书,兼做一回听客。

现在,虽然传统意义上的茶馆日渐稀少,而新式茶楼、咖啡馆和酒吧成了城市的新景观,但童年记忆中的茶馆,依然像一首故乡曲,寄托了我对故土深深的怀念。

第四部分　野灶炊烟

在黄浦江畔挖野菜，摸鱼捉蟹；在斑驳的墙缝里掏野蜂蜜，大口吃着妈妈做的方糕、塌饼、桶蒸糕，唇齿留香；端个饭碗，支个小凳去场地上与邻居家嬉笑、诉诉家常。野灶炊烟，乡村图景。当梦里的故土已渐行渐远，萦绕在舌尖上的故乡味道便化作了心尖上的乡愁。

"菽水承欢"的马桥豆腐干

沈嘉禄

阳春三月的某一天,吴竹筠兄请我去闵行区马桥镇参加一个关于豆腐干的研讨会,还说:"这次我们准备拍一部电视短片,想请你当片子的美食顾问。"

竹筠是我20多年的老朋友。他以上影厂制片人的身份与我合作过两次,一次是拍电视连续剧《小绍兴传奇》,另一次是拍贺岁片《春风得意梅龙镇》。两部影视片都与美食有关,情节曲折,人物出彩,风格诙谐,播出后受到观众的好评。其实作品不是我最看重的,偶然触电并不代表我内心的狂野。但是竹筠接受了这个项目,他平时又特别较真,这个忙我一定得帮。再说我吃过几次马桥豆腐干,印象不错。

会议是在镇政府会议室里开的,马桥豆腐干的五六位家族式生产者来了,非遗项目传承人也来了。在他们稍带乡音的叙述中,烟雨苍茫的江南小镇就浮现在了我眼前。

20世纪50年代,马桥离市中心还很远,似乎被刚刚创建的闵行工业基地所代表的城市文明与工业文明遗忘在河的那边。农村里还维持着农耕文明的格局,比如,每个村落都有豆腐加工作坊,那是一种生活与商业的需要,也是江南稻作文明的印记。一部分豆腐浆水被更紧密地压榨,做成豆腐干。与一般豆腐干不同,马桥的豆腐干,阔大、厚实,细嗅之下还有一股被烟火熏过的味道。当地人最认这种气味,称之为"焦毛气"。

到了20世纪80年代中期，农村集体所有的豆制品作坊相继关闭，个体作坊渐渐兴旺起来。马桥镇望海村的几家农户为了生计，勉强保留了手工作坊。在技术层面，机械化的豆制品厂代替了原先的手工作坊，手工作坊的处境岌岌可危。没承想，在城市格局发生改变、工业文明大举渗透的时候，手工食物的制作工艺引发了人们的关注，它的味道格外令人怀念。于是马桥豆腐干被许多饭店加工成美味佳肴，成为足以代表闵行甚至上海的风味。到闵行，到马桥，如果不尝尝那种"外表笨拙、内心善良"的豆腐干，那等于没有到过那里。

在会议室里，我仔细做着笔记，仿佛在追忆一个快被遗忘的王国。在马桥所剩无几的豆腐作坊中，最出名的当属刘家。老板刘永华，年近半百，操此营生却有30多年了。他自豪地说："马桥豆腐干之所以博得众口赞誉，主要在于选料精当，做工细致。"

马桥豆腐干的原料是当地所产的优质大豆。浸泡黄豆的水也是讲究的，要干净、酸度正好，磨浆、滤浆、熬熟等工序都要认真对待，算准时间。"天气也很要紧，天热天冷、天晴天雨，都要区别对待。"黄豆太生或太熟都会影响豆腐干的口感。黄豆磨成浆水后，熬熟去水，然后用木模压制成型，分切成块，最后放入汤料锅里文火慢煮，入味后就大功告成。

今天，马桥豆腐干虽然声名鹊起，但由于产量不足，师傅年老，使得它在市场竞争中处于劣势。同时，涌入马桥的外来务工人员纷纷进入这一门槛较低的领域，并以质次价低的产品抢占市场，出现了"劣币驱逐良币"的现象。

马桥豆腐干的现状，引起了镇政府领导的重视。前不久，政府将豆腐干的制作工艺评定为区级非遗项目，也指定了一位年轻的传承人，颁发

2018年马桥豆腐干生产获得了上海市经营性小作坊第一张经营许可证（资料图片）

了"马桥香干"的专属商标、证书等。不过马桥真正制作豆腐干的师傅已经不多了，还因为作坊的场地和经营许可证等问题，基本处于"休克"状态。在会上，马桥镇明确表示："一定要加大保护和整治力度，推出相关政策和扶持措施。不久的将来，马桥豆腐干一定要进入正常生产，扩大规模，保障市场供应，以后还要走出国门。"

过了两个月，短片开拍了。我除了在剧本上提点意见之外，还出镜讲了三段话，指出豆腐是世界上最早的分子料理，最后一段还特别提到了"菽水承欢"这个成语。孔子曾经对他的学生子路说过："啜菽饮水，尽其欢，斯之谓孝。敛手足形，还葬而无椁，称其财，斯之谓礼。"孔子认为，当父母年老后，牙齿不行了，儿子应该做些豆腐或豆汁让父母享受。此后2000多年里，经过李商隐、陆游、高明等文人借以诗歌、戏剧等文艺形式的传播，"菽水承欢"就成为中国孝文化的一个话题。我想，在马桥豆腐干重回中国文化的大背景时，这一点精神内涵应该得到精准解读，否则就难以理解马桥豆腐干为何必须做成绵密松软，又含有丰富的气孔，这份匠心所体现的孝心也可能被湮没在滚滚红尘中了。

美味不过是蟛蜞

彭 仁

朋友和家人带着孩子去崇明的西沙湿地玩,在朋友圈里晒了一组照片,说是在那里钓"螃蟹"。还说栈道两边的滩涂上"螃蟹"又多又傻,只要路边捡一根树干,自备一根尼龙绳,上面扎块小香肠或肉皮,馋嘴的小螃蟹很快就会上钩,简直是钓得停不下来。

崇明蟹是上海的特产,出了名的。但我仔细看了看图片上的小东西,却笑了。那不是什么崇明的螃蟹,而是蟛蜞,也叫螃蜞,形似小螃蟹。与蟹相比,它个小肉少。20世纪80年代,在闵行沿江地区的农村里是屡见不鲜的,一般生活在稻田边的小溪、沟渠、堤岸。

蟛蜞虽小却非常肥美,有河蟹的香浓,可蒸可炒可油炸,所以它是当地农家饭桌上的一道家常菜。我小时候就曾多次去捉过螃蜞。其实这对我和我的小伙伴们来说,都是家常便饭。对于生活在上海乡村的孩子来说,那时可供娱乐的项目太少了,更主要的是生活条件匮乏,所以捉鱼摸蟹的本事是断不所缺的,这也能帮助家里改善一下伙食,否则要不成为被家长看得牢牢的"乖小囡",就是被同伴们"抛弃"的笨小孩。

我的老家在黄浦江边上,河道纵横,沟壑交错。每年六月正是蟛蜞横行之时,于是村上不管大人小孩,无论男女,都会带上小铁锹、蟛蜞条(一种专门为捉蟛蜞而打制的小铁条)、竹篓,到河道边、沟渠里抓蟛蜞。蟛蜞喜打洞,看到那些小小的洞铲下去、或用蟛蜞条捅,躲在里面的蟛蜞

馋嘴的小螃蜞很容易就会上钩（资料图片）

就会跑出来，一抓一个准，用不了多久竹篓就满了。在捉螃蜞的同时，我们还会摸些螺蛳带回去，这也是相当不错的美食。就比如现在，人们在秋风习习时喜欢到阳澄湖吃大闸蟹，除了蟹、白鱼、清水虾外，螺蛳也肯定是必点的湖中之宝。

螃蜞的个头是一般螃蟹的三分之一，大一点的大概也才二两左右。马桥人喜欢做面拖螃蜞、毛豆子烧螃蜞，再来一盘葱油螺蛳，一盘从自留地割上来的时令蔬菜，就能凑成一顿美美的晚餐了。也有家庭主妇直接把螃蜞一切为二，扔到锅里，浇上酱油红烧。晚饭烧好了，支个小桌在屋外，一家人团团坐，吃饭闲扯，味道好极了。还有邻居闻到香味，端着饭碗便过来了，毫不客气把筷子伸向桌上。一般人家还喜欢做醉螃蜞，用刷子将螃蜞仔细洗干净后，再用凉开水冲洗，放在大小合适有盖的瓶罐里，倒进高度白酒，加少许糖、盐、生姜丝，加盖醉泡。基本上第二天就可食用了，其味鲜美、色泽自然、肉质生嫩。佐酒下饭两相宜。

可惜的是，现在随着自然环境恶化，河道恶臭，农田逐年见少，又因农药化肥重金属水质所致,原本随处可见的蠓蜞几乎不见踪影了,让孩子们少了一份野趣,也让我们的农家餐桌少了一道美味。也许只有到崇明的西沙湿地这种生态保护得很好的地方才能看到。

美味不过是蠓蜞,想想还真有些怀念。

小辰光做"考"

农 夫

10月底，适逢重阳节，照例闵行区会举办一年一度的重阳文化系列活动。而"颛桥糕会"是其中的主戏。连续三年，江南名糕齐聚此地"别苗头"，各类糕摊一长溜地摆开，真是糕天糕地，让人味蕾悸动，部分摊位甚至排队都买不到。

在20世纪70年代，"考"是农家人爱吃的零食之一（资料图片）

看到人多我就不敢凑热闹，反倒是同事兴趣盎然，在人堆里挤来挤去，最后买了一大袋糕点回来。她从袋中掏出一个油炸的面食问我："这是什么，猜出就给你吃。"

我不禁笑了，说："这可难不倒我，这叫'考'，你们城市里人不熟悉，但在我们乡下却再普通不过了，虽然现在很少见了，但在20世纪70年代，这是农家人最喜欢吃的零食之一，而且几乎家家户户都会做。"

所谓"考"，在我们本地方言研究者褚半农先生的著作《莘庄方言》中是这样解释的：面制品，擀成薄片后剪或捏成各种花样，下锅油氽。新媳妇在农历七月初二回娘家时用，当地有俗语"七月新凉，煎考望娘"。不过，褚先生把考写成"烤"，而烤这个字在字典中是没有的。为此我还专门问过他，他也承认这是他生造的字，但在褚先生看来，因"㤅"是食物，故加"食"旁似更为妥切。

不管是"饸"还是"㤅"，至少在读音上闵行本地人均是认可的。去年，我的一位朋友在朋友圈中把它晒了出来，并考了一下大家，结果留言者甚多。不同地方的人有不同叫法，有人说它叫"花""花花"；也有人说在奉贤称此为"毛豆结"；还有称此物为"麻叶""油灵子"……答案五花八门，但大多60后的本地人都表示这是"三抢"农忙过后农家做的美食。

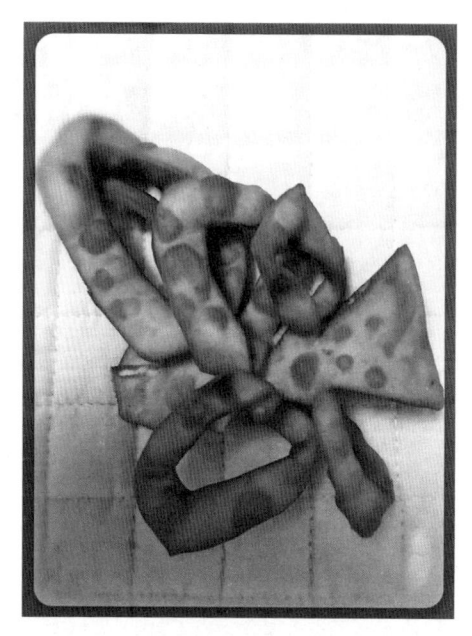

乡下人对"㤅"再熟悉不过（资料图片）

我对"㤅"是很有亲切感的，不仅是因为它是我小辰光的美食，而且那时还做过"㤅"。做"㤅"的缘由不是我的手艺如何了得，其实在之前从没有做过，只是曾经跟在妈妈姐姐后面打过下手，而后来仅有的一次做"㤅"经历，究其原因主要还是"馋虫"难熬吧。

那年我才十二三岁，并记得，那天我妈和我姐大概去浦东陈行的外公家了，而且要过夜不回家。我一个人待在家里实在无聊之极，东翻西找，看到家里有一口袋新碾的面粉，于是有了主意，心想着做"㤅"来犒劳一下自己。于是取粉、加水、揉面，面中要加白糖，让它带点甜味。费了好大力气终于把面揉好，便开始做"㤅"，想着各种花样图案，有麻花状、有蝴蝶样,甚至还有"百脚虫",总共做了几十个,都是用剪刀剪的。我平素喜欢画画,有点美术底子,故而做出来的样子倒也不怎么难看。而后就是下锅油氽了。这"考"很费油,就如氽油条一样,油少氽不起来,"考"就直接粘在锅上了,而且那时候我们乡下还是用灶头的,我一边要忙着给灶里添柴,把油烧热起来,一边还要掌握时机,把"考"下到油锅,油不热不行,过热的话又会着起来。这种紧张感实在是折腾人,往往会顾此失彼。还是水平问题,结果竟然把一半"考"给"烤"焦了,黑乎乎的吃到嘴里一片枯苦。好在也有成功的,这让我总算有点小小的成就感。

第二天我妈我姐回到家,马上觉察出我做了"坏事"——因为家里的一罐子油全部没有了,少不了一顿臭骂。

附录:闵行乡下的美食

一种味道是一种回忆,当它与你的舌尖碰擦,那种对美好的感知便轻轻地烙印在你的心头,在过往的年华里,很多味道从此消失,与当下再无关联。

塌饼

塌饼就是用糯米粉裹以或甜或咸的馅心,揿扁弄塌,然后在灶头大锅中用油煎熟的一种食品,这是地道闵行人的糕点。过去几乎家家户户都有做

塌饼(资料图片)

"塌饼"的习俗。特别是"咸塌饼",只要家里有咸菜,或者春笋,都可以切碎了拌上肉末放在里面,农忙的时候口袋里塞上两个,既可以充饥,也是乡间的一种美味。

豆黄锦团(资料图片)

猪油豆沙糕(资料图片)

豆黄锦团

为了品尝刚收割的糯米,本地人研制出"豆黄锦团"。不仅名字雅致,做法也颇为精细——将糯米洗净煮熟后,放入大量黄豆粉拌匀,再以白糖为馅,以糯米饭为壳,像做汤圆一样做成小饭团,并在黄豆粉中滚一下。蒸煮后,只只香味浓郁,软糯甜美。

猪油豆沙糕

每年新春,本地人都会吃猪油豆沙糕,预示喜迎新春,步步高升。做法是在豆沙馅料中加入一块猪油,然后用糯米做的外皮包裹。蒸煮后,吃口软糯不粘牙,渗着猪油香,馅儿甜而不腻,满口留香。

桶蒸糕香

李慧华

母亲的勤劳、节俭、能干，在老北桥的中心村是出了名的。

2017年重阳节前，我家已经和村里达成了动拆迁协议，老宅被拆的日子屈指可数。母亲说，要再做一回桶蒸糕，以后没有老灶头，就做不成了。

小时候的日子很贫寒，过年却是头等大事。穷家也要过一个欢欢喜喜的大年，否则来年不吉利啊！母亲常常这样说。

积攒了几个月的肉票、鱼票、油票、粮票、鸡蛋票，这时候母亲不再藏着掖着了，统统拿出来换成年货；粮食不够吃，母亲常常把生产队分的粳米换成籼米（同等重量的籼米烧的饭要比粳米更多），喂饱我们的肚子；而根据人头分到的糯米，往往要捱到过年时用。

年味，在农家的忙忙碌碌中渐渐浓郁起来了；年味，在我们眼巴巴盼着母亲变戏法式地掏出一点珍藏的喜悦中浓郁起来了。

每年过年前，母亲都要帮着妯娌、邻居们做桶蒸糕，忙了东家忙西家，一溜排着过来。每家人家作为酬谢，总要让母亲带点回来，给我们姐妹尝鲜，这也让我们姐妹比任何时候都盼着母亲归来。

每年的端午节，母亲又要忙着裹粽子。掰粽叶、洗粽叶，浸泡糯米、赤豆，熬豆沙……母亲裹的枕头粽，小巧玲珑，软硬适中，烧煮后口感正正好好。

母亲总是很有兴趣地做各种点心。在那个吃点饼干和糖果都是奢望的年代，我们总是盼着过各种传统节日，盼着母亲高兴了，给我们做圆子、蒸糕、塌饼（也是糯米饼的一种）。

20世纪90年代后，生活渐渐好转了，市场上可以买到各种糕点了，但母亲仍热衷于做各种中式点心。

母亲1990年退休后，我们更有口福了。南瓜收了，做南瓜饼，甜的、咸的，做好几匾；正月十五了，做干蒸圆子，豆沙馅的，荠菜肉馅的，一做就是上百个；夏天到了，面团容易发酵，母亲就做各种馅儿的包子。

母亲做的桶蒸糕，也堪称一绝（如今，颛桥镇的桶蒸糕，已经成了上海市非物质文化遗产）。

做桶蒸糕是地道的技术活，每个步骤都需要分外细心（资料图片）

小时候，父母忙于养家糊口，家里的家务活，基本上由我们姐妹仨承包了。我们仨最喜欢的，是过年前的各种劳作——天不亮去排队买鱼、买肉、买鸡蛋；把母亲珍藏的糯米拿出来浸泡、晾晒，然后用借来的推车或者自行车，推到大队加工厂轧成粉；再等着母亲买回红枣、白糖、核桃、赤豆等各种做糕的原材料。

做糕的那天，一定是我们的节日。

我们姐妹仨，有的帮着母

亲搓粉、筛粉,有的坐在大灶后面烧火(我最喜欢烧火)。待一大锅水烧开,母亲将筛好的细粉铺在大大、高高的木桶里,盖上锅盖;当水蒸气再度升腾,母亲又在桶里撒满糖、核桃或者赤豆,再撒上一层细粉。如此反复,一直铺到整块糕有十厘米的厚度……

做糕是地道的技术活。火候掌握不好,糕是夹生的,再怎么蒸也蒸不熟了。若小孩子在边上问,糕粉会不会从糕筒底板的缝隙中漏下去,说来奇怪,还真的漏下去了。至今,我都想不明白这是为什么。大概是因为分了神,火烧得不够旺,或者没有把糕粉撒匀的缘故吧。

起糕的时候,我们最快乐。热气腾腾的糕,伴着糯米香和各类果香,着实刺激着我们的味蕾。等稍微凉一点,母亲把刀在凉水里蘸一蘸,给每人切下一小块糕,让我们尝鲜。看着我们一个个馋猫样,母亲总是笑得眼睛眯成了一条线。

1987年,父母东拼西凑,花光了全部积蓄,在宅基地上建起了两层半的小楼。新建起的小楼改善了我们的居住条件,虽然债务缠身,但日子渐渐生动起来。

家里用上了自来水、液化煤气。屋后的灶披间还在,大灶基本上可以不用了。节俭了一辈子的父母,舍不得每月花钱买煤气烧。隔三岔五用大灶来烧水、煮饭,还说大锅炒的菜香。

1998、1999年父母相继"彻底"退休后(不再返聘了),父母亲把生活过成了"彻底"的节俭日子。

父亲找来各种可以当柴禾的木头、树枝、报纸,每天用大灶烧热水。冬天还好,灶火可取暖,烧火是件美事。一到夏天,灶头间又闷又热,父母亲还要用大灶烧水,理由是柴禾多得是,烧点洗澡水省钱。

动迁前夕，母亲为子女们做了一回又一回的桶蒸糕（吴立德摄）

我们不愿意父母如此辛苦，总是劝解父母亲不要这样节俭，田里的蔬菜他俩够吃就好，我们可以买来吃；水电煤该用还得用，我们来负担费用。种种苦口婆心劝说、置气，甚至用"那我们以后不回来了"加以威胁，都没有实际的效果。父母总是"沆瀣一气"，表面上答应得好好的，一旦我们离开，就我行我素。

家里装的燃气热水器，最终因为父母一直舍不得用而生生成了废品。

如今，父母也像城里人一样，住进了三室一厅。妹妹说"爸妈是托了共产党的福"，我和姐姐也终于不要再日日揪心老父亲"拼着老命"种菜、大热天在灶披间烧水了。

"以后没有大灶头了，做不成糕了。再做一回桶蒸糕吧。"

动迁前的两个月内，母亲做了一回又一回桶蒸糕，塞满了我们姐俩的冰箱，还送给我表哥、堂哥、邻居什么的，直至糕桶、大锅分别被我表姐和邻居要走才作罢。

链　接

颛桥桶蒸糕

颛桥桶蒸糕是颛桥地区民间纯手工制作的传统糕点之一，在本地已有上百年的历史，选料讲究，按传统手工操作，食用时软糯香甜不粘口

如今，颛桥镇阿小弟桶蒸糕已成为闵行区的非物质文化遗产项目，图为每年举办的颛桥糕会上的场景（资料图片）

舌。桶蒸糕，顾名思义就是用木桶通过隔水蒸制软糕，其原料以上好的糯米粉与大米粉为主，通过将米粉、馅料层层垫入，最后轻压定型的方式完成制作。

过去农村里家家户户都有蒸糕迎重阳的传统，用特制的木蒸桶，亲手做松软香糯的桶蒸糕。如今这种传统制糕法已日渐式微。2005年，颛桥桶蒸糕入选上海市非物质文化遗产名录。

野菜

褚半农

承蒙造物主恩赐，敝人家乡虽然没有山，没有海，其他应有的也都有了。各种农作物，从麦子棉花水稻，到赤豆绿豆芝麻，这里都能种植且收成很好。宅基周围高高大大的树木，在各地也能找到它们的同族。我们这里一种极为普通的谷树，我曾在北京的怀柔和昆明的石林都见到过踪影。唯独野菜，我们这里出奇地少，不知这是造物主对鱼米之乡的偏爱还是冷落？

我从小挑过野菜，吃过野菜，现在还认识野菜。扳着指头数了一下，好像只有两三种可以列入野菜的名单，其他呢？这里也有，但似乎从来没有人吃过，或许是先人们曾吃过，因不能吃、不好吃，就没有把它们当作野菜而只把它们当作野草罢了。

野菜中首选的当推荠菜，到秋天以后它才有。荠菜是靠种子繁殖的，暮春的风一吹，那些荠菜籽趁机不知溜到什么地方去了，一直到第二年秋天，它们就从田埂上、浜滩脚、马路边钻出来。正宗的野荠菜颜色有点暗红色，至少菜心处是这样的，叶子摊得很开，不像播种的荠菜，为了求产量，都是高密度的，长出的荠菜嫩而细长，青青的。列第二位的就是马兰头。马兰头要到初春才冒出嫩头来，一簇一簇的，引人注目地生长在田埂边、浜滩上。马兰是靠根茎繁殖的，而根茎是不能随风飘荡的，不知它们用什么方法使家族遍布各处的。荠菜的主要用场是做馅头，裹馄饨，包百叶，用荠菜和肉拌的馅是最佳搭配；还有就是烧豆腐汤时做"和头"，好像没有像炒青菜那样来个清炒荠菜的。至于马兰头的用途更单一：凉拌。在人祸天灾的年月里，各家曾把马兰头氽熟晒干后煮粥（饭）吃，那味很涩，我至今难忘。还有一种野草我们取其形状叫它猪油筋草（植物名叫鹅儿肠），也在那个年月里掺在粮食里吃过，过后就没有人家把它当作野菜吃了，猪油筋草至今仍是野草而不是野菜。

我们这里也有枸杞，它们喜欢长在竹园边、墙脚跟、篱笆旁，到了春天摘它的嫩头炒来吃，稍加点糖，另有一种味道。不过这种矮矮的小灌木实在太少了。你想尝尝鲜，得跑好多地方才能捋到够烧一碗的量，即使到市场上去买，也得在菜贩堆里找，才能偶然发现有供应点，且不是每天都能看到踪影。

荠菜又名香荠，广泛分布于我国的乡间田野（资料图片）

红花草，严格地说是一种农作物而不是野菜。因为红花草是在晚稻收割前把籽撒进去，到第二年初夏时将它们做绿肥用的。农民只在初春季节才去抓一些嫩头当菜烧。在田边岸畔可能有零星的红花草，那一定是在撒种时遗落的种子长成的，数量少到可以忽略不计。

除此之外，我想不起还有其他可以当"菜"吃的野草。好像有人说起过吃蒲公英，我在外地吃过一次，又苦又涩，偶一为之未尝不可，它离野菜的"标准"还远着呢，只能称它为"准野菜"。

挑野菜是农村小孩常做的课外作业。农村里几乎每家都养个羊、喂个兔什么的，挑草喂羊喂兔的任务每天都要由读书小孩去完成。到了秋天，野草较少，为了挑满一花袋草，小孩要跑好多地方。有时挑着挑着，突然眼睛一亮，发现这一段有好多野荠菜，这时他会把激动藏在心底，故意避开那个地方。等第二天去挑草时，他就加束一只小花袋，在完成挑草的同时，捎带着把那些野菜挑进小花袋里。放学回来的路上，走着走着也会突然发现路边一片片、一丛丛的野荠菜或马兰头。男同学往往不露声色，想等到第二天放学后再来挑。女同学就不一样了，看到了先是大惊小怪地尖叫起来，随后马上用削铅笔的小刀片连忙挑起来，而后掏出干干净净的小手帕，把那些宝贝包好，就是几个人同时发现的，也是客气谦让，会给最需要的那个伙伴，然后大家勾肩搭背，兴冲冲地回家了。那些大野荠菜的根往往是嵌在很深的泥里，挑得不小心，就会挑到了菜心，把一棵大大的好好的荠菜挑成了散片，真是可惜啊。在有了这样的经历后，下次碰到碗口大的荠菜时，都懂得将刀斜插进土后里用力，挑出来的便是一棵完完整整的大荠菜了。荠菜根白白的，也好吃。有时为了挑到一棵特别完整的大荠菜，我们会把周围的泥土全部取掉，这样挖出来的荠菜，连根须末也一根不少，简直可以做标本了。挖这种野荠菜的认真劲，我看一点也不亚于挖野山参。

那时农民口袋里钱少，好不容易想买斤肉吃，但要吃得实惠有味那就离不开野荠菜了。红烧肉自然最好吃，但一斤肉实在不经吃；炒肉丝又显得小家子气。一家门争到最后，吃馄饨是最佳选择，众望所归，大家都为能吃馄饨而面露喜色。做馅用的挑荠菜任务自然是读书小孩去完成的。一听说有馄饨吃，第二天放学一进门，他就掼掉书包，束只花袋，拿起小刀冲出门外，不到一个小时就挑回来一花袋野荠菜，足够有余了。

哦，野菜！那些可供农民当菜吃的野草。这些野草，长在荒野，不需

马兰头是清明时节江南一带常见的野菜（资料图片）

张扬，无人炒作，农民想到要吃它了，便拎个篮头，束只花袋，到外面跑一趟就拿回家了。这些年来，谈论野菜的人多了，野菜也在不知不觉间变得金贵起来了。随着野菜身份的升值，人们的目光也发生了变化。有的地方已经在开发野菜了，野菜可以像其他庄稼一样大批量的生产了。不过，那时候上到餐桌上那些东西还算不算野菜？仅有其形，徒有其名罢了。荠菜在上海被种植的时间已有100多年了，人们不还是仍然在挑"野"的吃？要被称为野菜是得具备一些条件的，否则只能称之为野草，理论上说能吃的，要想得到大众的认可也不是一件容易的事。我在一本记述上海野生植物的书上了解到，常见的食用野菜竟有27种之多。酢浆草能吃，这我还相信，可这种草太娇了，又小又嫩，锅里一炒，蚀落头太大了，可能挑了一天，还不够烧一碗的。酢浆草最终还是没有上到餐桌来。而路边到处都能见到的灰苋头（植物名叫灰藜），还有一种梗子硬硬、叶腋处会开小不点花的蔄蓄，它们的嫩茎嫩叶书上说都可用来炒食吃，就让人有匪夷所思之感。自然，各种野菜不在乎人的认可不认可，它们按照造物主的安排，扎根在路边，生长在沟旁，没有产量指标，无须质量标准，倒也过着优哉游哉的另类生活。而那些落脚在田里的，常常按捺不住其本性，喜欢和作物纠缠在一起，做出太亲密的动作，引出人的反感，到那时，它们通通都是野草，格杀毋论的。

猪肉吃勿着

邵嘉敏

20世纪70年代初,国家还实行着计划经济,物资非常匮乏,吃肉也成大问题。市郊农村,每个生产队、每家农户也都有生猪饲养交售任务。

养猪先要进苗猪。这是个技术活,也是费神费力的事。一般每个集镇有一个苗猪交易市场,按照所确定的每10天或半月一次的交易日,卖方将苗猪放进圈群内,任买方挑选。而买方呢,先粗瞟一眼,然后盯住圈群内中意的苗猪,撸撸皮毛,按按肋骨,掰掰牙口,问问吃食,算算时日,谈谈价钿。双方谈拢,交易成功,场方收取一定费用,皆大欢喜。时有谈不拢的,"卖不出去"叫"放勿脱","买不到"称为"捉勿着"。那时,优质苗猪量少、价贵、挑选余地小。我们就跟着内行,或骑三、四个钟头的脚踏车,或干脆乘火车,到西部邻近江浙一带省界接壤处的金山枫泾、松江石湖荡、青浦朱家角去捉苗猪,来去常要一整天。有时还要起早摸黑赶到浙江平湖、江苏平望等地采购苗猪。

那时不仅粮食紧缺,连猪饲料也紧张。"逼上梁山",精料、粗料、青料、泔脚、工业下脚物尽其用,合理搭配。麦粉、玉米粉等精料是计划供应。辅以谷糠、柴糠等粗料。利用空余水面引进、养殖水浮莲、水葫芦、水花生等青料。到镇上、市区收集买来剩饭残羹等泔脚咸汤,从工厂淘来工业下脚白浆水、啤酒糟、豆粕。

我就曾按生产队排的任务,凌晨三点钟起来,独自到早已订购好的陕西北路某弄集散点去踏泔脚。一车500斤，可记十个工分，还有一角五分的补贴。回来路上吃碗阳春面，还可余几分钱。不过，一路上汗水是嗒嗒滴的。我还到七宝酒厂去踏做完酒的下脚酒糟皮，晒干后轧糠；摇船到龙吴路酒糟厂装啤酒糟，到嘉定蕰藻浜线粉厂装白浆。拉回这么些，看到猪猡吃得津津有味，暂时忘却了收纳的辛劳。这些，都是集体的，计划供应的。自己养的猪，饲料可就没这么多了。猪因吃不饱，而常有拆棚啃墙破栏脱逃的。满满一拖车的柴，拉到大队加工场，灰头土脸浑身痒齐齐轧了半天，只能轧到两麻袋的柴糠，且营养成分十分有限。记得"三抢"大忙中的一天，隔壁村阿明又热又渴又饿，回家想歇歇喝口水弄点冷饭充饥。其养的猪亦热、渴、饿，听到主人声音就狂叫，上蹿下跳越栏而出。

阿明又急又气，"我且如此，你这畜生也找我麻烦"。但这猪还得请大家帮忙，围追堵截，再流一身极汗，把它捉回来。阿明是一脸苦涩辛酸。

这猪差不多养了六、七个月，毛估估有120斤左右，就迫不及待地交售了。因为越养对饲料的需求量越大，而成本与收益是不匹配的。特别是大伏天，猪猡难长膘。

但差不多的猪，送到收购站，并不是一定收购的。它要称

公社养猪场（资料图片　选自《上海建国十周年画册》）

重、估"刀份",有规定的毛重和出肉率。为此,从家里猪棚捉猪出栏的动作必须迅速,擦上擦落处于临界的猪,路上排了个便,就有可能不及格。

到了收购站,还要看收购员的脸色,他要根据猪的毛重,凭眼力、手感估出肉率。他的一句话,好比"圣旨"。有的毛重到了,所估"刀份(出肉率)"不足,只能重新拉回去。白辛苦不算,这猪经一番折腾,又掉了几斤肉,且几天不长肉,农户涌起的是阵阵酸楚。他拿着那把大剪刀,手起刀落,在猪身上剪了一般人看不懂的特定符号,才算一块石头落地了。开了几联票,领到了几十元钱,还有补贴的几尺布票、几两油票、几张工业券等。此时,农户的脸上才挤出一丝丝的笑容。

那个年代,要吃到猪肉,好比吃"天鹅肉",要凭每人每月二两的肉票限量供应。农民虽然养猪,但肉票却比城镇居民更少。平时根本舍不得买肉吃,除非逢年过节或有人客。比如要请木匠泥水匠修屋搭"披",请裁缝师傅上门做衣,请竹匠师傅到家打套簟席……

即使有了肉票,也要早早去排队等候,因为每个供应点每天也都限量供应。我曾有买到称心部位的肉或下水的喜悦,更有排了好长队,到我前头一人却如数清空戛然而止的失望沮丧。

队里偶尔有病死或淘汰的老母猪经上级批准宰杀,才可过个"肉瘾",逢此场景如过年。"抓阄"分肉,期待越肥越好。拿回家,起火就下锅。可惜多年的老母猪,皮厚肉老,大火烧、小火焖,弄了大半夜,才在睡眼蒙眬中大快朵颐。

逢冬季开河,人人劳累的只想睡。但想到开饭时能够吃到大镬子烧的大块红烧肉,或者是蒸笼蒸的"铁鎝枕"一样的肥肥的咸肉,哪怕是白菜烂糊肉丝,只要有肉有油水,脚头也就轻了一点的。

到了1985年,国家经济体制由计划经济向市场经济转变,国家取消了生猪派购任务,放开屠宰政策,开放市场经营。我原来的大队里有数人参与到屠宰经销,一时红火兴旺。

当年猪与肉的艰辛经历,终于成了难以忘却的时代印记。

落苏里的肉味

褚半农

一过清明，家家户户便着手准备种茄子了。在老宅上，我们不叫茄子，而是叫落苏。这真是个好名字，"落苏落苏"，任何人多读它几遍，"落苏"就变成"肉酥"了。不要说吃它了，听着都叫人满足、解馋、回味。

落苏很美，它的美在它幼苗时就显现出来了。田里的作物，哪一样不是绿色的？它们的区别仅仅在绿色的深浅上。落苏从小就显出与众不同的个性，它的叶子当然是绿色的，可叶子的筋却是紫色的，浅浅的那种紫色。绿叶配上紫筋，勾勒出叶子的轮廓，看这种叶子就像看木刻。如果仅是这样，落苏就浅薄了，就浮躁了，就俗气了，它的美在于能把这些特点坚持到底，长出的小落苏，通体紫色，美艳诱人。

等到进入初夏，每棵落苏上挂满了一条条的紫色，落苏的美这时就体现在要对人作贡献了，它们等待人们摘回去，变成农民口中的美味。通常是红烧，方法很简单。把落苏削成盘刀片，等油锅热了后，立即煸炒，倒上酱油就行。落苏人人会烧，可是巧妙不同。比如说，油要热到几分，煸炒到什么程度，最主要的是不能让锅里的油浪费一点点，要全部吸进落苏里，这里面就有讲究了。以我的经验，把锅烧烫，越烫越好，那油倒入热锅后哪能吃得消，被烫得在锅里哇哇乱叫，等到落苏片一来，慌忙朝落苏里钻，落苏呢，也急急地将沸油吸过来，直到你中有我，我中有你，落

等到进入初夏,每棵落苏上挂满了一条条的紫色,等待着人们摘回去变成口中的美味(资料图片)

苏的紫色慢慢退去,每一片都是酥酥的软软的。这是极其重要的一点。锅没有烧到十二分烫,当然也可以炒,但这种慢慢逼熟的落苏,进到舌苔时的感觉就差远了,因为这"烫"最后也可转化为落苏美味的一部分。最后用少许酱油收味,记住,千万不要加水。加了水,落苏的味道就不纯正了,口味就淡了。这一碗炒落苏,等下要伴随三大碗饭吃到肚子里,太淡了咽不下。落苏没有筋筋攀攀,入口即化,酥酥的,真的好似"肉酥"了,尤其是第一口,嘴巴轻轻一抿,舌尖上体会到的美味马上传递到了中枢神经。那一层薄薄的皮就像烧酥了的肉皮,轻轻一咬,有嚼头却不用费力,美味全在里头呢。试想想,"杭育杭育"挑了一上午的稻,吃饭时还要啃烧不酥的老菜皮,肩膀用了力还要牙齿用力,这是多么地不合时宜呀。这落苏就像是造物主特地为出苦力的我等草民准备的佳肴。

老宅人的聪明还体现在经常会创造出落苏的新烧法。一家成功了,很快就在老宅上传开了。先是从东场头的一家传到西场头的一家,再是从前埭传到后埭。后来呢,到底是谁家传给谁家的,谁也说不清了。可能你传给我的是烧法，我传给他的已加了一点小窍门了，反正是接受中有创造，方法中有窍门。不要专利，无须保密，操作简单，美味共享。到时候，老宅上就会都在传一句话：好吃。那天中午上工前，大家集中在榉榆树下"天天读"。阿义女人和阿三女人聚在一起谈得正起劲。等到了田里，我才知道，这两个女人正在交流一种新的落苏烧法。这些天里，天天吃红烧落苏，再好吃也会倒胃口的，据说就是天天吃肉也会倒胃口的。我没有天天吃肉的福分，偶然吃一次觉得肉是天底下最好吃的东西，我实在想象不出吃肉倒胃口是种什么状态，倒希望有天天吃肉的时候，就是倒胃口就让它倒一次吧。我迫切需要这样的倒胃口，倒也倒得心甘情愿。她们烧的叫饭蒸落苏，翻译成书面语便是清蒸。这时的落苏有点老了，得先把皮刨掉，每只落苏的中下段剖成四条，然后放在饭镬上隔水蒸，饭烧熟了，落苏也蒸好了。等吃时，醮上酱油，味道就是同炒的不一样。要是能在酱油里加上些麻油，清蒸落苏的味道肯定比肉好吃。那时买麻油也要油票，谁都舍不得用那金贵的油票去买不实用的麻油。饭蒸落苏这种烧法既省油又好吃，不知是她们想出来的还是学来的，反正很快在老宅上流传开了。其实，饭蒸落苏是好吃，可多吃了也不行。那就同红烧落苏搭开来吃。况且，谁家自留田上都有番茄、冬瓜这些用来替换的众多角色呢。

还有另一种也是完全不用油的吃法。这种方法更简单了，把落苏切成薄片，拌盐一捏，稍等片刻洗净，再用微量酱油一拌就成了，脆脆的，嫩嫩的，还微微带点生腥气。用现在流行的说法这叫生拌冷菜，是可以上圆台面的。冷菜里放点麻油自然味更佳，没有也可，麻油再香，毕竟是调料，没有麻油，我们吃到的却是新鲜可口的原汁原味。红烧、清蒸、生拌之外，落苏可以切成丝，切成丁，可以做馅，能腌成咸菜，还可以和辣椒和毛豆甚至韭菜合在一起烧。如果有点荤菜，那它还能发挥更大的特长。在落苏的吃法上，老宅上的人办法多多，创造多多，什么困难也难不倒大家的，且乐在其中。

我一直在想，老宅上各家自留田里种过那么多蔬菜，冬天的，夏天的，叶菜类的，瓜果类的，但没有一种能比得上落苏。落苏生长期长，结的果实又美，还能变出各种各样的味道。这落苏，就像是造物主特地为老宅上的父老乡亲准备的。无法想象这个世界上如果没有了落苏，老宅上各家的"菜谱"会多么乏味呀。现在我虽多年不种落苏了，但仍常吃落苏。落苏还是那个落苏，我还是那个我，味道应该还是那个味道，我的体验却不那么深了。连原先的那些烧法，也已经少有人提起了，或许最终还会失传。失传就失传吧，落苏的那些美味让它存留在记忆中可以，要再去挖掘那就大可不必了。不要说落苏里有肉味，就是能从落苏里吃出山珍海味来，落苏毕竟还是落苏而已。

舂臼声声里

褚半农

春节的气氛最先是从舂粉准备炱糕上显露出来的。

糕好吃,可把糯米变成粉是要用手臼舂的,这是一个需要太多力气和太多时间的过程。糕每年春节前炱一次,对谁家都是件大事,早在离春节十天半月时,各家就开始准备了。舂粉一般都在晚上。浸过水的糯米分批放在石臼里,用长柄榔头上下上下一记一记地把它们舂碎,舂一遍,筛一次,米粒越来越小,越来越少,一直到全部变成糯米粉。一臼米舂一遍,手中的榔头上下要几次?起码要九百九十九次吧。舂米是个诚实活,你不偷奸,它不欺你,你想图快,或少用力气,到了绷筛里就见分晓了。变成粉的筛下去了,留在上面的还等着你倒回去继续舂。在石臼面前,你只能老老实实,老实的标志是一下又一下地舂满九百九十九个上下。那个晚上,需要多少个九百九十九个上上下下?五个不行,六个七个可以了吧,米再多,十个八个总可以了吧。只有石臼知道这个总数。人在干活时,都不会去记这些。做有些农活是可以不记的。比如,锄地,你可以少锄几下,偷点懒,用锄下的泥把没有锄的地盖起来,拉拉平,糊弄

舂粉工具——手臼(资料图片)

过去。锄头下的地太大了，锄地的人也太多了，它记不住这些。记不住硬要去记，就会变成一笔糊涂账，只能不去记。好多人都知道锄头下的地不会记忆，好多人就动不动偷点懒，反正最后记上的工分是一样的。石臼它有记忆，舂粉的人和它一对一，连你舂粉时的态度、神气，都在它的记忆范围之中。最厉害的是它记得住总数。你用足力气舂一下，它给你扣除一下；你只用一半力气舂一下，它给你扣除半下，长柄榔头上下上下的总数到了，所有的米才能变成粉。哪怕你只欠它九十九下，到最后石臼里就剩下米不是米粉不是粉的东西。你要让它变成粉吗？那好，把你欠石臼的九十九下还给它吧。每年我都锄地，每年我都舂粉。我知道石臼能把总数记住，石臼告诉我不要偷懒。老宅上没有用脚舂米的石臼，由米变成粉的艰巨任务全靠几只用手舂米的石臼。老宅上的人知道石臼有记忆，也知道对石臼偷懒就是对自己偷懒，老宅上的人在石臼面前谁也不会耍奸。

那段日子里，每天晚上都有几户人家轮流在舂米。那不紧不慢的舂米声，从绞圈房子里传出来，很快交织在一起，传递着春节即将来临的信息。那"秃——秃——"的声音特别有节奏，特别有声调。声音最有力的那家，男主人的身体像块排门板，今年一家门做的工分最多，分红自然也最多，他拿起长柄榔头来轻松得很，石臼声里传出的是喜气声。不紧不慢的那一家，是老头在舂粉，每年都是他舂粉，他知道石臼有记忆的道理，不偷懒也不着急。舂臼声响得最晚的那家是女主人在舂粉，她家缺少男劳动力，连儿子也参军去了，她必须亲自舂粉。夜色笼罩下的老宅上，那几天的晚上只能听到这种声音。其间有时会冒出与众不同的声音，不用猜，准是哪家的小孩在学舂。或者大人舂累了，让小孩替几下。头重脚轻的长柄榔头到了小孩手里，就变成又涩又不连贯的舂臼声。这声音传到外面是那样的不合群，就像一个打架败下来的小孩，只在外面冲了一下，重新循回到屋里来。小孩哪能坚持得下来啊，规矩了几下，终于不耐烦了，他恨米不成粉，便胡来几下，把榔头掼给大人了。小孩偷的懒，石臼也记牢了，必须由大人补上。老宅上有石磨，但各家从来不用它来磨糯米粉。原因很简单，石磨速度是快，它的记忆也是粗放型的，磨成的糯米粉自然较粗，做成的糕或圆子，口感不佳。一年才一次的大事，各家都愿意花点力气做好。再后来，大队轧米厂里也有了轧粉机，几十斤糯米粉只要几分钟就轧好了。从此，不要说腊月里，一年到头都听不到舂臼声了。石臼失业，最终也不知去向了。

老宅上的人从此少了一个有记忆的伙伴。

农家的饭瓜

周曙明

饭瓜,像七宝十条筋黄金瓜、桥头白生梨、青皮绿肉甜瓜一样,是浦东农家喜欢种的一种瓜果。不过,饭瓜不能生吃,须得煮熟了吃,可以做菜,也可代饭。

饭瓜的真名应该叫"南瓜",也叫"番瓜"。《图解本草纲目》载:南瓜三月下种,四月生苗,引蔓甚繁,一根蔓可延十余丈,节节生根,近地即着。八九月开黄花,像西瓜花。结的瓜很圆,比西瓜更大,皮上有楞如甜瓜,一根藤可结瓜数颗。经霜打后,将其收藏于暖处,可贮存到第二年春天。

据载,到明代中期,南瓜已遍布中国各处,"南瓜出自南方少数民族地区,后传入闽、浙,现在燕京各地也有"。以其瓜种南来,故名"南瓜"。而在广东,它更为人所知的名字叫"番瓜"。现在,老人说起南瓜时,仍以"饭瓜"称呼,实际是"番瓜"的谐音。在浦东地区,即使有人叫南瓜为"番瓜",人们还是认为他叫的是"饭瓜"。

在20世纪60年代,人们烧一镬子饭瓜,加少许盐,撒上葱花,咸里带甜,鲜香可口,堪称美食。近年,有人摘饭瓜藤的头做下饭菜,人们以为是"新闻",实在是"旧闻"了——早在1988年暑期,学校组织我们去桂林旅游,看到那里的路边菜摊上,早有一把一把的饭瓜藤头出售了。

只是浦东人只吃饭瓜,不吃饭瓜藤,就是在三年困难时期,也没人吃。饭瓜藤头虽然嫩，可是毛茸茸的，能吃吗？直到改革开放以来，各地的农民工涌入上海。有天早上，老妻说，种的几棵饭瓜，哪能根根藤上都没了头，是不是顽皮小囡恶作剧呢。后来，发现隔壁房客的菜篮子里有青翠欲滴的饭瓜藤头，才知道这东西也能吃。可尽管房客说得如何花好稻好，如何美味可口，本地还是没人去揲（die）饭瓜藤头炒来吃。

前年初夏，"奔八"的二嫂成天喊肚子饿，嘴巴干，去医院一查，患了糖尿病。医嘱控制进食含淀粉高的食品，建议吃些饭瓜充饥。于是，亲戚、朋友送来了饭瓜，大多是枕头饭瓜、黄狼饭瓜，不像《图解本草纲目》说的"结的瓜（南瓜）很圆，比西瓜更大"，而这里饭瓜没圆的，表面也没"瓜楞"，只是老饭瓜表皮有层白色的瓜霜。一时吃不完，又怕它烂了，二哥就把饭瓜切成一圈一圈的，穿在竹竿上晾干，以备冬春时节吃。

饭瓜，一般浦东人家都种在场头屋角、河滩田边。它好种易活，管理粗放，不打农药，连棚架也不搭，只要种下瓜秧，就必有收获。过去，人们把它作为充饥的饭粮；如今，绿色、环保、保健的饭瓜塌饼、南瓜饼、饭瓜羹、饭瓜咸酸饭等，成了餐桌上的美味佳肴，备受人们的欢迎。

记忆的年味印糕

崔 立

这些年，几乎是尝遍了天南海北的美食美味，要说还有什么美食让我流连又让我为之向往的，唯有记忆中的那个像雪一样白，糯糯而又软软的印糕。启开口，缓缓地咬上一口，糕内的糖水流入唇齿之间，别提有多好吃了。

过年的时候，妈妈难得大方，还有奶奶。奶奶瘦瘦的，站在院子门口，和旁边的一棵树站在一起，就像两棵树。有一个骑着自行车的人，从远处缓缓地过来，嘴里吆喝着："印糕吃哇？印糕吃哇？"奶奶就朝卖印糕人挥了挥手，奶奶知道我喜欢吃印糕。那个人停在了奶奶身旁。奶奶说："帮我拿上两块吧。"那个人拉开车子后座的木箱，从里面拿出两块热气腾腾的印糕，灰色的纸托着递过来。此时，妈妈也已经站在了旁边。妈妈说："帮我再拿四块吧。"妈妈说着话，在奶奶的惊诧中掏出了钱。妈妈说："不能光给孩子吃啊，我们也可以吃的。"我看着妈妈，明白了："奶奶那两块，是给我买的。妈妈那四块，是爸爸妈妈爷爷奶奶的。"

回了屋。我有点迫不及待地把包着的印糕打开，嘴凑了上去。奶奶刚喊："等等，烫！"我的嘴唇已经贴到了印糕的边缘，小心地沾了一下。我抬起了头，说："奶奶，不烫不烫。"不等奶奶再说什么，我一大口已经咬了上去，用手将印糕往反方向放，以免咬破时糖水会溢出来。我的嘴轻轻地吮吸着糖水，糖水轻轻地进入了我的口间，我回味着那一份的甜，不想轻易地让这份甜完全地咽下去。我用了很长一段时间,吃完了两块印糕。很满意很爽地摸了摸我的小肚子,似乎还是有那么点儿意犹未尽。

奶奶一直在看着我吃,脸上堆积起的皱纹,和着她绽开着的疼爱和笑意,像一棵老树在看一棵新芽。奶奶将她身边的碗递给我,碗里躺着一块印糕,是分给奶奶的印糕。我说:"奶奶,你吃。"奶奶说:"你吃吧。"我说:"奶奶,我喂给你吃。"我从坐着的椅子上站起来,从饭橱里拿出一个搪瓷的调羹。我把调羹拿在手里,奶奶接过了。奶奶继续笑着,说:"等我要你喂的时候,再让你喂——"我挥舞着手,说:"好,好,奶奶,到时我一定好好喂你。"

想着这茬的时候,时光不知不觉已过去了三十个年华。

儿时那印糕的味道,似还在唇齿之间。而我自离开家乡后,也有若干年没有再品尝过那样的美味。那个至今让我难以忘怀的美味,还有记忆中,亲人们对我的照顾。虽然我已不可能真的去喂奶奶吃那印糕。因为奶奶离开我已有多年。

但我还是可以,带着我的孩子,和爸爸妈妈一起品尝那家乡的印糕。在那一声声叫卖:"印糕吃哇?印糕吃哇?"我孩子的爷爷奶奶,也就是我的爸爸妈妈,会给她买上好吃的印糕。我在这印糕的美味中,怀想着我的爷爷奶奶,和那些我所疼爱的岁月。暖暖地在我心间回味,印糕的甜味时时在唇齿间流连。

沙冈摸蟹

储文观

曾经和马桥人息息相关的沙冈，蕴育着丰富的水产资源河蟹（即螃蟹）。俗话说"一方水土养一方人"，马桥人摸索出一种利用工具引蟹出洞然后用手抓获的捕蟹方法——名之曰"摸蟹"。夏秋时节，沙冈河边不时能瞥见摸蟹人踽踽独行，演绎他们的别样人生。

河蟹的生活规律很奇特。涨潮时，大量河蟹随之涌入沙冈，寻找密布河边的洞穴栖居。沙港涨落潮频仍，加之蟹的这种穴居习性，为摸蟹者提供了持续不断的契机，河蟹也就成为取之不竭的水产资源。生机盎然的大自然似乎特别眷顾人类。

摸蟹工具俗称"蟹折勾"，制作简便。取长1米多的篾竹条削成两端粗细略异、富有弹性的扁圆形竹片，再在较细端缚上个小弯头，工具便制成了。最好再做个能收口的布袋，便于存放捕物。

摸蟹方法也不难。下河后，沿河边寻找蟹洞（洞口呈扁圆形），将折勾缓缓伸入直至洞底，同时用左手捂住洞口。若感到触及硬物，表明洞中可能有蟹，旋即轻轻捻动折勾，状若为其"搔痒"。蟹受此干扰，急速外逃，正好被左手逮个正着。摸蟹过程也就这么简单。

哪些人干这活？诚然，谁都可以干，但不谙水性者不敢轻易下水，河深水急，十分危险。大致有两类人：一类是带有娱乐性的，乘兴为之，不在乎成果，这类人多且杂；另一类是专业性的，摸蟹技能较高，目的在增加经济收入。我从十几岁开始，每年暑假几乎天天要在戏水之余去摸上一阵子。随着经验的积累，渐渐有些收获，而收获又刺激了兴趣，故而乐此不疲，尽享此中的美妙和快乐，还有美味。称得上"专业户"的很少，这些人手拿折勾，腰系蟹笼，穿着极简单：短裤加草帽。他们一次涉水数里，长时间泡在河中，皮肤晒得乌黑发亮，天气较冷仍不肯歇手，非常辛苦，对身体的伤害不言而喻。不过一天下来，收获颇丰，主要用以变卖。马桥比较出名的为东街居民康耀如，开一粽子小店，收入微薄，故辅以此活，弥补家庭开支。长此以往，积劳成疾，患上严重的哮喘病，形体消瘦，且终告不治，令人唏嘘。受养水土之恩泽，又何止充满了艰辛。

20世纪后期，沙冈水质下降，蟹资源急剧减少，摸蟹人的身影逐渐从人们的视线中淡出乃至消失。岁月流逝，世事沧桑，农耕时代及其劳作方式已渐行渐远。如今，时令一到，大量的河蟹上市，尝个蟹鲜真可谓是"小菜一碟"。然而，年轻时的这段经历，伴随着丝丝乡土情怀，印烙在记忆深处，挥之不去——毕竟，那曾经是马桥的一种生活形态，一道人文景观。

带着饭菜去上学

彭 仁

那天在朋友圈里看到,有朋友抱怨自家孩子学校里的午餐不好吃,看她晒的图片,二荤一素一汤,其实还蛮不错的,就不知道那孩子是不是嘴养"刁"了,故而发出这样的感慨。

我在底下评论了一句:想想自己小辰光吃些啥,让孩子明白,现在是无比幸福了。

说实话,我这么写,可能是有些遭人嫌的,现在是什么年代,过去是什么年代,还真没有可比性的。我那种口吻颇有些忆苦思甜的感慨,就比如我上小学时,校长请来了一位农民伯伯,给我们讲旧社会时如何被地主剥削,交了租没余粮,只好吃米糠那样怪异。

有些事可以忘记,但忘记了,并不证明没有发生过。

我上小学时,正好是"文革"结束的那年,如果用年份

小时候常用的铝饭盒,满满的都是回忆(资料图片)

表述，那就是20世纪了，真有点久远的味道。学校是马桥的乡村中心小学，周围几个村的孩子都在这里上学，大约500多人，在当时应该算是有一定规模的了。条件也不错，教学楼是新盖的两层楼，操场南面还有条小河浜，周边是农田，从家里到学校大约四五里路，走走半小时不到。学校里没有食堂，所以学生们午餐都是要自己带饭菜的，否则就要回家去吃了。当时乡村小学周边根本没有任何点心店之类的，何况就是有，也不是一般人家能够承受的，所以带饭菜来上学几乎是同学们唯一的选择。

说带饭菜其实并不正确，应该说带米和菜。无论冬夏，吃上一口热饭菜是基本的需要，菜可以是凉的，但饭一定要热的，所以学校还是很人性化的，建了专门的蒸房给学生们蒸饭用。于是我们每天上学时，除了书包必带外，还要带上一个铝制饭盒，然后抓上一把米，这便成了一种习惯。

到了学校，把书包往教室里一扔，便带着饭盒匆匆往蒸房赶，淘好米放进木蒸格里。铝饭盒上是刻了自己名字的，虽然歪歪扭扭，但总能认得出，一般不会搞错，至于为什么不在家里淘好带来，那是有讲究的，如果预先淘好了，去了水带到学校，这米就发涨了，再加水蒸就不好吃了。实践出真知，这事我试过。蒸饭时米里加多少水也是有讲究的，加少了干，加多了烂，不过多试几次就有心得了，这倒不难。

米是一样的米。江南一带都喜食大米，我们马桥自然不例外，而俗称小米的籼米煮粥可以，蒸饭口感就差了许多，而且不顶饿。一样的田，一样的谷种，所以在米饭上看不出什么的，关键是菜，从同学们带来的五花八门的菜上，各人家的家境如何一目了然。

那时候，大多数人家家境都很一般，正所谓贫富差距不大，菜也没

一上学,马上将饭菜带到学校的蒸房里,否则中午就吃不上了(资料图片)

有什么"大花头",常见的是咸菜萝卜干、青菜、蚕豆、毛豆子、咸蛋等,煎荷包蛋、白煮蛋的也有,但少,平日里基本上是素的,荤菜难得一见,哪天见到某同学带了红烧肉,那简直是大户了,完全是土豪行径,周围同学看到了,眼睛都要发绿了,恨不得群起攻之,劫富济贫。其实那时不要说红烧肉,就是猪油拌饭也是让人垂涎欲滴的。至于鸡、鸭、鱼之类的,那简直是种奢望,平日里农村人都不会舍得吃,这都是过年时的大菜,就算家里来了客人,也不见得有这些东西。也有人酱油拌饭的,那一定是家里真没菜了,逼急了,毕竟光吃白饭咽不下去。其实这种窘迫并不鲜见,我也有过这样的经历。

每到春季我是最开心的,因为家里自留地有片竹林,会长出很多笋,于是这段时间笋便成了当家菜,红烧、清炒、油焖,反正变着法要把笋做出多种吃法。如果能用竹笋炒鸡蛋,那于我而言,简直就是大菜了,带到学校吃,定会引来周围同学的一片羡慕。

四五年级时,我学会了油氽花生,于是,很长一段时间,油氽花生成了我的下饭菜，不过那时候没有零食嘴又馋，于是到课间休息，就把当午餐的花生拿出来吃，结果往往真到了吃饭辰光，花生也被吃得差不多了，只能苦着脸吃"白饭"了。好在那时同学之间感情好，大家会匀一点自己的菜，好歹打发了一顿午饭。

这样的日子放到现在，自然有些不敢想象，有次我跟我女儿聊起，女儿竟认为有点天方夜谭。其实想想，我也没觉得那时候有多苦，也许大多数人家都一样吧，没有对比，心也平淡了很多。

鱼有聪明时

褚半农

老宅上的水桥是我童年、少年乃至青年时每天必去之处。淘米、洗菜、汰碗、捉鱼、摸螺蛳，哪天不是要去它个七八十许回？夏天，我习惯并喜欢赤着脚踩在水桥一塔塔的石板上，让水友好地围住我的两条腿，看川条鱼、旁皮鱼在两条腿间捉迷藏、游障碍。

当我把淘米箩往水里一浸，一股白色马上从米箩四周泅出、散开，还在水中继续扩大，慢慢形成一个白色的晕。那些川条鱼的聪明在于还没有看清是什么，就知道好吃的东西送上来了，不知从哪里一下子聚来了那么多的鱼，齐往白色的晕里钻，成群结队的，进进出出的，逗五逗六的，慌里慌张的，也总有几条鱼抢得着从饭箩里漏下的一粒两粒细米粒。我想抓鱼，但我暂时懒得理它们。我慢慢地淘着米，故意延长时间，让更多的白色从饭箩里散开去，或者说是让川条鱼在白色中昏头耷脑时，趁机将饭箩侧向一边，好让那些鱼把白花花的米看得更清楚些，果然有几条川条鱼想闯进去啄米吃，也够勇敢大胆的了。我比鱼聪明，知道不能立即动手，需要一段时间麻痹它们，可它们在饭箩里外窜进窜出，匆匆啄一下就立即掉转身子逃走了，它们的聪明在于知道我一系列动作后的居心。眼看又一次快要啄到米了，我急急地将淘米饭箩向上一提，鱼呢？饭箩里的米影响了漏水的速度，明明看到有鱼进到了饭箩里，但那鱼腰弹性十足，一弯、一弓、一跳，只见有白色的影子从饭箩里蹦了出来，又回到了水里。原来它们有从饭箩里逃脱的足够把握，怪不得如此大胆。我对鱼儿聪明的认识，大概就是从这时开始的。

还有逃脱的时候，那多半是在洗碗时。一篮子的碗一浸到水里，一层油花马上在水面上荡漾开了，暗红色的多，暗蓝色的少，夹杂着组成一个一个圆的纹路。勇敢者又来了，又是在水里瞎啄，碗里本来就没有饭粒什么的，哪里能啄到东西，多半是空的，人比鱼精明得多，人比鱼狡猾得多。我要抓鱼，就得另想办法，先将碗取出放在下一塔的水桥上，让油花在水面上晃悠，川条鱼窜来窜去瞎啄时，眼快手快，一篮子兜底捞上来，全身都是大眼小眼的篮子漏水快极了，可哪里能捞到鱼啊，多半也是空的。鱼比人聪明得多，鱼比人滑溜得多。就是偶然抓到一条两条，怎么能吃？太少了，最后还是让它们回到了河里——到底只是玩了一次而已。是要想吃鱼的话，最好的办法是钓。每天早晨最先到水桥的是阿根宝。他挎着一只提篮，左手小凳子，右手钓鱼竿。阿根宝的小凳子往水桥上一放，轻轻地一声"的笃"，就把它们吓得慌忙掉转头往外窜，掉转身子后的爆发力特别强，一群川条鱼成扇子状四散逃窜了，是胆子小，还是警惕性高？反正是聪明的举动，胆子小是小聪明，警惕性是大聪明。奇怪的是，等阿根宝坐好，用右脚在水里一踢一踢，平静的河水掀起了波浪，变成了漩涡时，川条鱼又不聪明了，竟会傻乎乎地回过头来，又是成群结队的，围着阿根宝的臭脚，窜来窜去。看它们那热闹的劲儿，一定是高兴极了。川条鱼在轰轰烈烈的水声中，被阿根宝用那短短的钓鱼竿，短短的钓鱼线，一粒粒的饭粒，把不知是聪明还是不聪明的川条鱼一条一条地钓进了他的提篮里。我至今不明白，钓其他鱼时需要静悄悄的环境，唯独钓川条鱼一定要轰轰烈烈。用我的臭脚，你的臭脚，不停地去踢水吧，越踢鱼越多，越踢越容易钓。大概是长期寂寞的水中生活突然有了让它们感到喜气的声音，川条鱼的兴奋当然就难以自抑了，可我们又怎么知道鱼认为这是喜气的声音呢？

如果这声音真是喜气的话，那么为什么放矮凳时"的笃"一声就能把它们吓得四处逃散？当臭脚搅水时，那些鱼儿却能清晰地看到鱼钩上的一粒小小的饭粒，每一次总有一条鱼能准确地啄住它。它们看中的不是臭脚，而是臭脚旁边那蝇头大小的饭粒。抢在前面就能抢到吃的东西，每次都抢在前面，每次都能吃到东西，一天中有了几次机会，肚子不就吃饱了？也不知道它们想到了没有，抢在前面，得益机会多，被钓上来的危险自然也多，结束自己一生的机会也多。或许在抢吃的时候，未必有那么多考虑，它们的聪明就是要抢在前面吃到东西；或者说，它们本来就是为某一些生物提供"危险"的也未可知。人不是鱼，倒也时有类似鱼的举动，且胆子比鱼大得多了。循着不同的目的，聪明的意义原来是并不确定的。

我也学过阿根宝的样，试着让自己的臭脚在水中搅动，试着把钓鱼线甩下去。等我感到鱼钩上有点重量时，连忙收上来，饭粒被吃去了，鱼儿仍在水中高兴地乱窜。那次我最好的成绩是鱼儿在将要脱离水面时，又掉了下去。不过，我看清了，逃走的是一条虎口长的川条鱼。鱼比我聪明得多。

比起活力十足的川条鱼，旁皮鱼文静多了，它们总是懒洋洋地在水桥一侧游着。它们家族的队伍也小，只能在石板旁边、前后游进游出。当川条鱼成群结队涌向阿根宝的臭脚时，它们的聪明就是远离是非之地，有时索性躲在石板里面。可它们真的能远离吗？除非是非之地就像这水桥一样永远立定不动。

　　阿根宝钓兴已尽，川条鱼把提篮的底铺满后，他却在水桥的外面安下了一张撩网，再用钓鱼竿在水桥的石板里外乱捅。这回，旁皮鱼们真的急了，纷纷离开水桥，向外逃去，自以为离开了是非之地，却被赶进了候好在一边的撩网里。阿根宝的提篮里又多了不少旁皮鱼。

　　事情到了这一步，这同旁皮鱼是否聪明无关了。

村口有爿"小三店"

邵嘉敏

在网店看到购销两旺的情景,早已逝去多年的村口那爿"小三店"的影像渐渐清晰起来……

我等这辈人小辰光起,每个村口都有爿"小三店"的。啥叫"小三店"?其实就是杂货店。它类似又有别于大城市及市镇的烟纸店。为啥称"小三店"?概"小",相比大而言;"三",代表货不少而又不全。反正,我们都是这么叫的。实际上是由县、镇供销社设在村里的小店,故一度也称"下伸店"。

最早认识它,是它的"排门板"。一早,天蒙蒙亮,当夜住在店里的营业员就起床,不紧不慢、一块一块地卸下排门板。顿时,店堂敞亮,店里商品一览无遗。慢慢晓得,看似简单平常的卸、上排门板,也有窍槛的。每块尺把宽的排门板有企口榫头的,每块都不大一样,弄乱弄错了,就上不去,故店家就给每块排门板编上数字。夜里打烊时,有时先上一半,有时留下三块最后上,以让在店里的顾客晓得要打烊了,也让还想赶着买东西的人抓紧点。小店营业员不多,但营业时间长。事实上,你有急需,即使不在正常营业时间,也可随时叫开门。

小店最吸引人的,是排门板打开后,排列有序、花花绿绿的瓶瓶罐罐。里面有裹着五颜六色纸衣、含一粒甜到心里的糖果,有不甜不咸、五分钱可包上一只三角纸包的咖啡色的盐津枣,有黄澄澄、香喷喷的鱼皮花生，有三分钱一只、能解馋充饥、上面撒满白砂糖的烘饼。有时想看又不敢正视，否则肚皮里的馋虫会爬上来，情不自禁地馋吐水就会流出口角。

小店里的货物还真繁多。与当今比，一个很大特点或区别，是大都可以拆零卖。如自带容器拷油、拷酱油、拷酒，饼干，除了盒装，也有装在铁皮听里拆零卖的。肥皂可切半块，草纸可论张，缝衣针可数枚。日用品煤油、蜡烛、干电池、凡士林、蛤蜊油、百雀羚，夏令用品仁丹、万金油、痧药水、花露水，应有尽有。小店旁边是邮政信箱，当然也买邮票。哦，还有生产资料，如扁担、铁搭锄头柄。农忙时节，还有专门送货下乡的碳酸氢铵、过磷酸钙等化肥、农药。

我小一点的辰光，奶奶常会差我到小店里买油盐酱醋。一次回家路上一个跟跄跌了一跤，把油瓶打翻了，害得她和我都心疼了好久。喜欢咪口酒的父亲要我去零拷黄酒或土烧酒时，总会多给几分钱，让我买点小零食，而我却买了心爱的铅笔、练习簿。有时弟弟妹妹跟着，就给他们买点彩色的弹子糖，自己仍舍不得买吃的。不过，心里还是有念想的，等以后有钱了，可要把能吃的一样一样吃过来。当时还算过一笔账，小店里能吃的全部吃过来，有个三十元钱就可以。可三十元是个什么概念？意味着我等农人要起早摸黑几个月的收入！十四岁读完中学回乡务农，此时已学会抽烟。在小店里买过八分钱一包的"生产牌"，一角三分的"勇士牌"，二角二分的"劳动牌"，二角八分的"飞马牌"，三角五分的"大前门"，四角二分的"牡丹牌"，还有带香精味的"凤凰牌"。这些，也可拆零卖。直至如今，烟龄久长，烟瘾难减，咳嗽不断。

农历年夜前，是店里最忙的，因为要经营年货。农民一年忙到头，就是再苦再穷，还是要犒劳一下自己的。木耳、红枣、笋干等南北干货，十全大补膏等补品，带鱼、黄鱼、海蜇等海产品，咸猪头、新鲜肉等。还有彼时少有的进口货，如古巴砂糖、伊拉克蜜枣、阿尔巴尼亚香烟等。当然，这些个大都是要凭票供应的。记得20世纪70年代中期，春节每户凭票供应四大金刚：粉丝一斤，八角；金针菜、黑木耳一包，两角五分；再有枣子半斤，炒货一件。哦，还要分大户小户，四人以下是小户，配给的还要少一点。

曾经的"小三店"，生活着的乡民们真离不开它。它还是那时人们社会活动的一个窗口。哦，农闲时，我们还会隑着小店的排门板孵太阳、聊农事、谈山海经，它陪伴了我等农人几十载，承载着那个年代人们的无限情怀，且将镌刻在记忆深处。

附录

渐行渐远的老地名

一座古镇、一条旧巷、一湾河流，老地名里往往延续着历史的记忆。

闵行，随着城市化进程的推进，昔日村落逐步消失，正在步入一个快速发展的时代。在日新月异的时代变迁中，曾经世代相传的村镇宅巷、河湾古道的名字，大多已经消逝或正在被人们逐渐淡忘。

在闵行地域的演变历程中，那些曾经陪伴着我们一路走来的老地名，终将化作一段永恒的历史记忆，承载起我们美丽的乡愁。

江川路街道

闵行渡

黄浦江古渡口，闵行老街源头，凭借地理位置和水利条件，闵行老镇自古就镇市兴盛，闵行外滩很早就设有摆渡口，它地处米市渡与闸港之间的黄浦江中游，其前身称瓜泾塘。明代专记抵御倭寇史事的《筹海图编》称，"江南经略，皆以闵行为渡，黄浦入松江府通衢，故称水路要津。"闵行渡最早为民间手摇摆渡，民国后成立轮渡站，有"经航""济航"两艘渡轮。闵行轮渡为沪杭公路咽喉，往来车辆甚多。

外滩街

闵行滨江中段，昔日为繁华街市，现为浦江路绿化带。

西浦滩

闵行滨江西段，曾是周末休闲的好去处。

浦江镇

召稼楼

召稼楼，即召楼集镇，位于闵行区浦江镇革新村内。东界原属南汇县，西距杜行集镇4公里远。

相传，明工部右侍郎谈伦为了垦荒召耕在此建造钟楼，用于鸣钟召集稼耕农夫下田劳作，农民集居而成集镇，召稼楼由此得名，堪称上海农耕文化发祥地，与上海城隍秦裕伯、江浦合流叶宗行共同誉为召稼楼的三大文化亮点。名人张闻天、黄炎培、曹汝霖等都曾在召稼楼的绿野私塾、春雨草堂家塾、广智学堂就读启蒙。

召稼楼兴起于嘉靖、万历年间，清中叶时稍衰落。目前规模较大、保存较完整的有"礼耕堂""梅园"等。其特色"召楼三宝"有召楼大曲、召楼羊肉、召楼拆蹄（手撕走油红烧蹄髈）。镇有建于清乾隆五十八年（1793）的奚氏礼耕堂，镇南有枇杷园，镇西有谈家牌楼，即谈氏故居朋寿园故址。2007年，古镇重修开放，是闵行区继七宝老街后区内又一古镇景区。

陈行

明万历年间，浙江南海沙贝乡陈球贩运木材至塘口之东，开设木行，称陈家木行，简为陈家行，其后渐聚成市，清咸丰、同治年间称陈家行镇。2000年10月，与鲁汇、杜行合并成立浦江镇。

鲁汇

鲁汇位于闵行区浦江地区最南部,东南与南汇、奉贤接壤。2000年10月,与陈行、杜行合并成立浦江镇。

杜行

杜行镇位于闵行区黄浦江以东,原属南汇县,清光绪四年(1878)设乡,1950年6月划归上海县。2000年10月,与鲁汇、陈行合并成立浦江镇。

谈家港

谈家港在原杜行乡群益村,是乡政府所在地,此地原为小村落,20世纪70年代后期,修建的三鲁、沈杜公路相交于此后成为南达鲁汇,北至上海市区周家渡、东通召楼,西接杜行的交通要津。

20世纪80年代,乡办工厂大多在此兴建,个体商贩聚集,农民集资建镇,遂形成集市,学校、影剧院、卫生院、邮电局等相继设置,在建的中心街坊道路和主要配套项目,初步形成东连召楼镇(原召楼区治)、北接康桥、西毗水月、杜行(原杜行乡治)的集镇群格局。随着近年来闵行区在浦东大开发政策的推动下,城市化速度加快,城乡面貌已今非昔比。

闸港口

闸港集镇位于原鲁汇乡(镇)永新村,闸港河黄浦江出口,即大治河口,距黄浦江仅半公里,因闸港河而得名。

清光绪时称闸港镇,宣统时称闸港口镇。出港为黄浦江折北处,江面开阔,隔江与浦西塘湾乡寺嘴角(又称邹家嘴)相对。

起初这里村民仅有数户,因闸港走黄浦江船只泊此候潮,清雍正年间市渐稠密。自清光绪三十年(1904)轮班通航后,商市益盛,形成水陆码头。镇跨闸港南北两岸，架有一座名为"浦东第一桥"的木桥，南边是相较短窄的直街，北为东西走向两条平行横街，与直街相通，呈"工"字形。闹市在北岸，有30余家店铺；民国27年（1938），全镇被日本侵略军烧毁，灾民复搭200余间草房栖身；次年3月22日，又遭日军纵火，夷为平地。其后，又陆续建房。1978年，大治河开挖，闸港河废，全镇迁大治河西水闸畔。闸南为住宅区，闸北为商业区，规模初具。对外交通有闸航公路和金闸公路。

题桥

又名长寿里，为上海城隍秦裕伯故里，古刹长寿寺及秦公墓祠所在地。题桥集镇在原陈行乡（镇）建中村。西距陈行集镇2公里。元末里人秦裕伯建石桥于周浦塘支流长洪，并题名"大通桥"，后人习称"裕伯题桥"。

明清时期，题桥东形成（棉）花、米集市，清同治时称桥头市。民国13年（1924）上南路通小火车，并在东北3公里左右的地方设天花庵车站，题桥成为陈行各村通往上海市区的交通要道；20世纪20年代初，奉贤食盐在此集散，每日成交20多担，市面繁荣。抗日战争期间，1942年日伪"清乡"，一度形成米市，日销大米高达50至100石；抗日战争胜利后，上海市区菜贩至此采购蔬菜，形成菜市；20世纪50年代中期后市面冷落，至20世纪80年代时，镇上有店铺销售香烟，以劳动牌为最高档次。天塘路（今陈行公路）、三鲁路修筑后，东西街改建成水泥路，这里逐渐恢复兴盛。

湾周

湾周位于浦江镇召稼楼东南处，黄浦江在此拐弯，人们将其称为鹤颈湾。明清时期，有周氏文学世家聚居于此，他们族大势强，历来敬守耕读传家的古训。据记载，自明代天启崇祯及至康熙年间，应岁科试者五十余人，周立勋、周茂源等为其中翘楚人物，"湾周"之名享誉浦东。还有"十三个檐门头下十六颗金鹅蛋"的传说。

苏家桥

苏家桥是闵行区浦江镇苏民村的老称呼，是浦东宣卷主要流传地。西距陈行集镇4公里，旧时隶属南汇县，1950年6月划属上海县。

这里地处偏僻，清代中叶有苏姓者定居于此，后来逐渐形成市镇。一条小河纵穿市中，人称周浦塘，将其分地为二，交通往来十分不便。后来，苏姓后人集资，建齐了三块小石桥苏家桥连接东西，苏家桥镇之名也因此而来。

光绪时期，塘北横街商店十余家，塘南三四家。民国10年（1921）周浦塘木桥改建石环洞桥，名苏民桥，解放初又改称苏民镇。居民多为农户。现处陈行公路折弯处沿街的商铺，以镇南服饰城规模稍大。

向观桥

向观桥位于鲁汇老镇西南，跨闸港河。这里设有向光桥徐氏宗祠，系上海徐家汇的分支，是明代先贤徐光启的后裔。其先世自宋代靖康由汴迁至姑苏，至竹轩，又自姑苏迁至松江府上海县。先祖徐光启定居于如今的徐家汇，其子徐昆于明万历四十四年（1616）迁至鲁汇南徐村。相传，徐昆又名向观，成家后出资改建木桥，人称向观桥，后演变为当地地名。

拨赐庄

三鲁路和浦星公路之间有一条盐铁路，与这里的盐铁塘平行，拨赐庄就位于盐铁塘畔，如今浦江镇在这里建起了新村。相传，是元至正四年

（1344）顺帝拨赐其妹百花公主的庄园。公主下嫁丞相脱脱之子，皇帝赐亲王田及"明庆""妙行"两寺田共百顷，据诗人华孟玉描述，拨赐庄内有"野塘春涨""官堤秋晚""古寺天香""懒园老松""荒坟银杏""毛湾闻鹅""斜桥步月""椿园晚照"等八景，一派乡野风貌、田园景象。

施家老宅

清康熙重臣施维翰故里，明清时人才辈出。

浦锦街道

塘口

塘口村隶属闵行区浦锦街道，东于陈行村交界，南临周浦塘与跃农村交界，北靠丁连村，西临黄浦江与上海焦化厂隔江相望，是浦江镇的西大门。塘口因位于周浦塘与黄浦江的交汇口而得名，至今已有500多年历史。

塘口原为小村，清末民初时期，黄浦江和周浦塘航船在此候潮寄泊港口，每临夏季，帆船聚于此修理，铁铺、烟杂、粮食、茶馆、理发等店摊应运而兴，遂成小镇。清同治时称塘口市。东西街长约200米。20世纪50年代后，陈行公社在渡埠之南建造船厂，设公交终点站。1978年镇东孙家桥建起了水闸。

吴泾镇

寺嘴角

寺嘴角位于黄浦江中游东流北折处，乐道村东南隅。宋嘉泰年间，此地建有南广福寺，因其地突出江心闻名，又称邹家寺嘴，后又称"寺嘴角""寺嘴上"。此处旱涝无忧，有谚语称："三世修来邹家寺，干勿煞来没勿煞。"黄浦江在此呈"L型"大转弯，北折称东黄浦，向西称西黄浦，人称"黄浦江第一湾"。

莺窦湖

莺窦湖北起俞塘，南迄黄浦江。北宋时期，湖面面积约为2平方公里。因最初由邢、窦两姓居住湖畔，故人称邢窦湖。16世纪初，湖面开始收缩，形成了一条长约7公里的河道，人称莺脰河，又称樱桃河。在莺窦湖畔，自古男乐于耕，女勤于织，以俗厚民醇著称。宋代米芾赋诗，元隐士留名，明蒋氏传世。

清代乾隆年间国学生蒋埨和晚清蒋淑英先后撰有《咏莺湖十景》诗，分别为"自卑闻磬""尚义落虹""双杏垂荫""重坊旌节""乐勤遗构""邢窦故墟""蒋氏弦诵""屠墓樵吟""南浦归帆""东阜采药"十景。

塘湾

塘湾集镇原为塘湾镇政府所在地，樱桃河、俞塘合流处西岸，因处俞塘湾而得名，兴起于清嘉庆年间，称塘湾市。

清代、民国时期，这里盛产芦席纹布。市街形成于200年前，民国26年（1937）有南北什货、粮米、棉花、茶馆、饭店六七十家店；1947年有10余个行业，约90家商店。抗日战争前，以中心街为镇中心，与前进、振南、三新3条街形成"工"字形，1939年前进、振南、中心3条街为日军焚毁；20世纪70年代起，街面渐次拓宽，中心街东移，与南街取直，自南而北建新北街，与原中心街东埭形成新对面街。北吴路横贯镇北。三新街南建五金、百货大楼，与北街形成"丁"字形。交通原来依赖水路，自1938年，有道路通往北桥镇，1957年改建为北吴路，现在有公交线路通向莘庄和吴泾。

颛桥镇

北桥

北桥位于上海市上海县南部，南与原闵行区接壤。域内曾有晋袁崧犒军酒瓶所垒瓶山、唐建明心教寺遗迹。相传为晋陆机放鹤处，古称鸣鹤桥。与奉贤南桥相对，故称北桥。1933～1937年、1948～1954年为上海县治。20、30年代因沪闵南柘路辟建，县治迁入，小店渐增，商业渐形繁盛。2000年10月，与颛桥镇合并。

瓶山

上海地区曾有瓶山多处，而最著名的就是北桥瓶山，在原明心教寺的右侧。1984年以前，瓶山旧址还保留着半亩多高出路面一米多的瓦砾荒地，各式破瓶的碎片随处可见。据说，当年这里曾有数丈高。后来，这里逐渐夷平，再难见到酒瓶，称之"平山"。

关于瓶山的来历说法不一。有传说称，晋朝时吴郡太守袁崧（字山松）曾犒军于此，留下酒瓶堆积成山；又有传说称，是吴越王钱镠在此犒军留下的遗迹；还有史料说，在此犒军的是南宋抗金名将韩世忠。当然，其缘由都是犒赏有功将士而聚瓶成山的。此外，明代马桥人氏董宜阳所著《松郡杂志》云："宋时开酒务于此。"清诸华《沪城备考》也有这样的说法。清卢元昌（字文子，晚自号半林居士）在所作《瓶山道院》一诗的题记中具体分析了上述种种说法，认为董宜阳之说更可靠。

明洪武七年（1374），由里人沈子文筹建瓶山道院（又称平山道院）。永乐元年（1403）、崇祯七年（1634）和清乾隆二十年（1755）一再重修或扩建。

野三官堂

野三官堂为颛桥镇向阳村的老称呼，还因这里的古树著称，又名大树庵。1934年成立大树乡，1949年后更名为三观村，1964年正式更名为向阳村，紧邻都会路和颛兴路。

徐家墙里

徐光启后裔颛桥聚集地。相传，在道光年间，徐氏有一支子孙迁居至颛桥六磊塘北、横泾河东，购买良田，自建村宅，从事农耕，人称"徐家墙里"，就是如今的颛桥镇光辉村。据《颛桥志》载：道光年间起，当地有天主教传播。光绪年间，由教徒捐客堂扩建"献母堂"，人称"徐家墙天主堂"。徐氏家族后人在这里繁衍不绝。

马桥镇

吴会街

吴会集镇在原马桥镇吴会村，旧时称吴会街。位于马桥集镇西南，上海重型机器厂北，因地近黄浦口，清水汇流，称吴汇。后人取自"指吴会于云间"，改名吴会，民间有"先有吴会，后有马桥"的说法。

宋代，曾置酒库于此，直至20世纪50年代时，仍能挖得到瓶砾；元代置邹城巡检，有塔庙，后改建净土寺。明弘治时，这里称吴会镇；清同治年间称吴会市。集镇西边是净土寺，东边为仁济道院，中部有石牌楼。田园诗人董宜阳、董含均曾居住于此，还出现了董氏、金氏、龚氏、戴氏等名门望族。如此书香世家和望族风范，在当时的整个上海地区显赫荣耀。

明嘉靖三十三年（1544）六月，由嘉兴而来的倭寇闯入闵行镇洗劫，一阵焚掠后，又闯进吴会镇大肆作恶，佛寺道院、旧城老宅化为废墟，吴会镇自此衰落。后吴会虽逐渐恢复，已不复当年风貌。

20世纪50年代，道院改作小学，净土寺也改作农村生产大队饲养场，石牌楼被拆除，小街终成村民聚落。如今的吴会，乡村居民已全部迁出，正做土地平整，将成为闵行经济技术开发区（西部）的储备地块，与闵行开发区融为一体。

荷巷桥

荷巷桥位于马桥镇西南角，黄浦江与女儿泾的交汇处，西与松江区接壤，因镇区周围有5条河流，形成荷花状，故名荷溪镇。又因小镇小如巷，进镇中央有座石拱桥，后人称之荷巷桥至今。现在，位于集镇以西处新辟有韩湘水博园。

荷巷桥兴起于清嘉庆年间，遂称荷巷桥市。老街上的居民有两户大姓，分别是金家和顾家。据历史记载，1949年前，街上的店铺和住家都是金、顾两家所拥有的财产。

民国时期，荷巷桥集镇人才辈出。有乡贤顾言世居荷巷桥镇，博览古文辞，热心地方公益，他发起建立吴会书院，在浦西地区颇有影响，随后又在出生于马桥俞塘、曾担任江苏省政府主席的钮永建先生的倡议下引入新学并改名为强恕学堂。钮永建也在这里创办了俞塘民众教育馆荷溪分馆，普及民众教育。民国的外交家金庆章同样出生于荷巷桥，历任驻朝鲜仁川领事、宝山县县长、松江县县长，抗战时，他拒任伪职，抵制日货，为地方民众公益事业建树多多。

紫藤棚

紫藤棚集镇在原马桥镇紫藤村，位于马桥集镇西南约2公里，毗邻黄浦江。当地有明代紫藤1株，街面架棚，紫藤浓荫如盖，紫藤棚集镇因此得名。种下古藤的相传是明嘉靖年间的董宜阳。董家在北宋末年从汴京迁来吴会，后又迁居沙冈。街临沙港两岸，宽约3米，水泥路面。河东、河西旧时建有关帝庙、筑耶城庙。

现在以紫藤为主体，建成一座古藤园，成为居民观赏藤景所在。棚架中的柱子和壁上刻有前人咏藤诗作数幅，还有"宜阳紫藤"介绍铭牌和"乾隆拴马图"浮雕各一幅。古藤的北侧还矗立着一座牌坊，称"节孝坊"，是上海唯一修复完整的清代三门四柱五顶牌坊，原址在闵行老街前东街，老街改造时移到这里。园内另有宋井亭、积翠坊、崇德桥等历史景观。

彭家渡

黄浦江古渡口，明代，彭氏族人在黄浦江边义设手摇船对江摆渡口，人称彭家渡，简称彭渡（即为今日之彭渡村）。对岸为浦南巨潮港口，因此又称巨潮渡。

莘庄镇

陆昌庙

陆昌庙地处莘庄镇西南角青春村，与松江毗邻。建于明嘉靖年间，是松江府城隍庙下城隍老爷的行宫。曾有古树、古桥、古牡丹，水蜜桃为当地盛产。

西河浜

莘庄镇北传统村落。

朱五家

原位于莘朱路以南，北邻沪杭铁路，今一号线莘庄站南广场。百年前，西竹桥头有朱氏兄弟5房，其中一人因聚赌败家，朱家众人将其绑在朱家油车坊木桩上，烧人毁坊。为警示后代戒赌，他人在废墟东重新修建新村落。

王十八

相传春申塘边有十八壮汉建宅，护村传奇名扬四方。

褚家塘

褚家塘是上海西南一个自然村。先祖相传由浦东（一说宁波）坐船迁徙而来，清乾隆年间编修的《娄县志》中记有村名。老宅西面紧邻杨树浦，南面为横塘（1976年开挖后称淀浦河），分后场、前场、西南角、河东四大块，老屋大多为绞圈房子。

历史上曾隶属华亭县、娄县、松江县、上海特别市二十六区（龙华区）等。1950年后分别属于宝南乡、七一公社、莘庄公社、莘庄乡、莘庄镇。1970年代中期在"农业学大寨"运动中老宅东迁，并拆老屋、建楼房，至1980年初期建成莘庄乡唯一的农民新村。在城市化进程中，1993年5月新村开始动迁，至1999年褚家塘拆除而消失。老宅历史记录在2010年出版的《褚家塘志》中。

冯家旗杆

明代名臣冯恩后裔聚集地。冯恩（1496～1576），字子仁，号南江，明代华亭人。嘉靖五年（1526）登进士，任南京监察御史、大理寺丞。直谏无私，怒斥奸臣，宁死不屈，人称"四铁御史"。其祖父冯海，事亲孝，里中私谥苦孝先生。儿子冯行可为父替罪，冒死鸣冤，惊动京城，有"忠孝世家"的美名。莘庄冯家祠堂念修堂柱联上题：纯钢不作钩，直杆终为栋。

梅陇镇

梅家弄

梅陇集镇为梅陇镇政府所在地，位于梅陇乡中部，朱梅路、虹梅南路、梅陇路汇合处，沪杭铁路、沪闵路南侧，旧名梅家弄。相传明成化年间，有一徽州梅姓人士在此经商，其后裔建宅第好似街弄而得名。兴起于清嘉庆年间，为梅家弄市，又因与上海南市梅家弄同名，民国22年（1933）经上海市政府批准，改名梅陇，至今仍以梅姓人家居多。

清同治时期，此地商市往来繁盛，20世纪40年代，米业兴起。抗日战争胜利后，肉庄生意兴隆，形成猪市。镇街道布局呈"丰"字形，主街南北向，约长200米，宽三四米，平房居多。20世纪80年代老镇改造，旧街全部拆除，建新街。镇北部，有当时上海市最大的游艺场——锦江乐园。还有多路公交通徐家汇、闵行、莘庄，并设沪杭铁路会让站。

翁板桥

翁板桥位于原梅陇镇集心村，因村西南一路春申塘河面桥梁得名，新中国成立前分治于上海县和松江县。抗日战争时期，翁板桥是通往上海市区交通要道，一度繁荣成市，沿桥侧有商店30余家，居民百余户，时称"翁板桥赛莘庄"。抗战胜利后,市面衰落。1950年后商市逐渐消失,终成为乡村。现桥早已拆建为上海春城住宅区,跨春申塘石桥仍完好。

老宅里

梅陇地区传统大型村落,人称"凤凰地"。

朱家巷

朱行镇老街,北临淀浦河,南傍老春申港。宋代已有民宅,明代朱氏家族世居,俗称朱家巷。清乾隆年间称镇,嘉庆时称市,同治年间老春申港疏浚,附近店铺移此,市面更盛。"港""行"音在本地话中音相同,演变为朱行镇。民国17年(1928)市、县分治,以混堂桥为界,镇分治于上海市和上海县、松江县。东西向老街,长约200米,宽仅二三米。1949年有商店45家,其中茶馆8家、油酱店7家、烟什和豆腐店各4家、饭店3家、轧花厂4家。老街有一株300岁古紫藤。后朱梅公路越镇而过,分为东、西两部分。

曹行

曹行镇为原曹行乡政府所在地。又名曹家行、曹家桥,因明副使曹闵(弘治九年进士)宅第得名。后有丁姓艺人卖艺定居于此,子孙繁衍兴旺,故居民以曹、丁两姓为多。以棉花、土布兴,清初商贸渐集,遂成集市,清嘉庆时为曹家行市。

清末民初,纺织业衰落,至抗日战争时期商市基本败了。1949年,有52家商店,从业人员90人。商店原多设中、东街,中街市面尤盛。东街北首有观音堂,旧时农历六月十九、十月十四一年两度庙会。街道狭小,平房、二层楼房错杂。20世纪80年代,街面拓宽至8米,并辟新街于马屯泾西,建有银行、邮局及商店。另于镇北曹行路辟新区,乡政府机关及乡文化站、影剧院、农业机械厂、修建队、碳黑厂等乡办企事业单位设此。镇有曹行路、马屯泾与外交通，有莘车线公交客运线路通莘庄镇和黄浦江车沟桥渡口。

2000年10月原曹行镇合并入梅陇。

七宝镇

芦花宅

乡里人借龙华庙的名声自称龙华宅，后约定俗成。

徐家弄

四乡乡民习惯将到七宝购物、逛街，唤作"上七宝"。集镇地处横沥港和蒲汇塘交汇处，明正德年间，蒲汇塘桥连贯南北大街，街长600余米，宽3米左右。全镇以塘桥为中心，南北大街为轴，南横列博古弄、宋家弄、典当街、宋家厅，北有同关弄、杨家弄、徐家弄、沟水弄，深宅大院隐然其间。街道狭窄，屋宇逼仄，大多为平房和二层楼房。镇多市河，又多石桥，与塘桥相对，蒲汇塘东、西有建于清道光年间的安平、康乐二桥，22座建于元至清初的石桥把全镇联为一体。

老宅角

蒲汇塘南侧传统村落，今七宝老街外延。

号上

这里位于蒲汇塘边原娄县、上海、青浦"三邑之分界"中心地带，历史上蒲汇塘、横沥港古河道两岸市井繁荣，甚至可以追溯到南宋韩世忠在此屯兵，厉兵秣马。名噪一时的《虹南作战史》的小说和连环画，说的也是这个地方。

号上村原为"罋（读音：gào）上村"，20世纪六七十年代，经上海市政方面提议，遂改"罋"为"号"。"罋"原为一种用土做成的容器，类似于"釜"，有个边口，以前当地曾经是做"罋"这种容器的作坊，后来逐渐演变成用这种制作工艺命名的自然村落。20世纪50年代，罋上村曾作为乡村农业合作化模范单位名扬全国。

如今这个村子的农民已经搬迁他处，号上村已经消失，村落的原有土地变成了如今的闵行文化公园。

顾家塘

明末清初在此建修院，沪郊天主教早期的传教地。

虹桥镇

井亭头

明净庵遗址，地处要道，虹桥地区传统名村。

新虹街道

吴家巷

吴家巷集镇属原华漕乡（镇）吴家巷村。位于虹桥飞机场西侧、吴翟路东，东濒横沥港，处七宝、诸翟两镇的中心。清代中叶时期为吴家巷市，旧属七宝镇。20世纪30年代青沪路（今沪青平公路）辟筑过境南，交通方便。抗日战争期间，民国31年（1942）日伪"清乡"，处封锁线边缘，镇东南设"检问所"，米业兴，比户设摊，饭店、茶馆开设，兴盛一时。20世纪五六十年代虹桥飞机场扩建，青沪路改道，商店他迁，市面冷落，70年代仅有3家商店和1家茶馆，集中北街，70年代后期全部他迁，成为农村聚落。镇分南北街，一桥相连，跨三泾港，街长约200米、宽二三米。2010年前因机场扩建，镇便随之湮没。

陈思桥

位于陈思桥村中部，东临北横泾，北翟路横贯村宅，现属新虹街道。相传，有一陈姓人士集资北横泾建造石桥代替倒塌的木桥，故名陈思桥，村落也以此为名。抗日战争时期，侵华日军曾在此施暴。

华漕镇

紫隉村

蟠龙港畔诸翟老镇的老称呼，原名白鹤村，如今属于上海市闵行区华漕镇。

当年，人们在蟠龙港畔种植了约一里长的紫薇花，每逢农历四月至八月，沿堤紫薇花花香不绝，因此，自明代起这里便称为紫隉村、紫薇村。诸、翟、侯姓大族曾世居于此，同时，这里也是明末抗清英雄侯峒曾故里。旧时有永福禅院、玄寿观和关帝庙、明嘉靖年间镇民抗倭遗迹倭井等。清乾隆三十年（1765），在此设巡检司，以地处苏州府嘉定县、松江府青浦县、上海县交界，俗称"三界司"。2000年10月，诸翟与华漕、纪王合并成立新的华漕镇。

纪王庙

纪王集镇为原纪王乡（镇）政府所在地。北滨吴淞江，盐仓浦流经镇北。宋元时期，吴淞江潮汛危害周边人民生活，俗称霸王潮，乡民立纪王庙。起初，吴淞江畔居住7户渔民，故名为七家村。明万历年间称临江，又名淞南，方广一里，清康熙年间多市肆，户口日盛；乾隆六十年（1795）称纪王庙镇。向属嘉定县，1958年归属上海县。明、清盛布、靛业，市况以盐仓浦、吴淞江水道通滞为盛衰。民国初，镇商贸繁荣，林家弄称烟弄堂，有12家鸦片烟馆。民国8年（1919）吴淞江疏浚通航，航船顺水而下，不再泊停栖，逐渐衰落，晨午时分以棉、豆、米、麦、土布、蔬菜为市。1930年前后，商店200余家，以大街中市及林家弄最为热闹。镇南北长千余米，东西宽不足千米，跨盐仓浦两岸。街道为石板铺，弯曲狭窄，街面房屋大多为平房和二层楼，1937年大半房屋毁于日本侵略军飞机轰炸，后大多恢复。1978年拆除旧街，新建商业街于盐仓浦南，街面大多二层平顶楼，镇中心西移至纪翟路口，次年又辟建南北向新村街。有白切羊肉风味独特。

梅花源

地处吴淞江许浦口，明文献学家、藏书家王圻的故里，曾为沪郊赏梅胜地，今属华漕。"梅花源"原为王圻书房的"室额"，后来周边梅林成胜景，才用作王氏整个私家园林的名称。随着它的声名远扬，以及当地人口的慢慢增加，附近形成集市，乡民们称之为"梅源市"。到嘉庆、道光年间，"梅花源"原址演变为"梅花村"。

赵家角

赵家角为华漕镇赵家村旧名。赵家村地处华漕镇最北端，西邻青浦区，北邻苏州河和嘉定区，是三区交界地域，沪宁高速公路贯穿村中线。其特产是鸡冠种雪里蕻。

石皮庙

元明大户人家建有小楼，人称"楼里宅"，清初因青石铺路闻名。

方亭里

元明时期的古村落，因此地建有方亭而著称，当地沈氏家族势力庞大。相传，由秦代方昕建造了方亭，亭前的河取名为方亭浦。宋元时，沈氏宗人依浦而居，人丁兴旺，后形成村落。后来，由丁氏开了染坊，渐成集市，以布行靛行为主，史称方亭里，俗称行前，现在西郊庄园范围内。

坞城庵

华漕镇卫星村旧名，南毗诸翟镇朱家泾村，东面是红卫村，西面是纪西村，北与青浦区华新镇接壤。古有坞城胜迹，旧传为吴王所筑，或云吴越时筑。宋代名将韩世忠驻军青龙镇，连营江湾镇时加以整修坞城（并修复坞城庵）以屯兵抗金。元泰定、明万历年间重修。清初时期有庵，庵北有座小石塔，于康熙年间损毁。后于此立庙祭祀郦食其，题名"坞城庵"。

在闵行，乡村正兴

乡土文化的根不能断，乡村不能只成为记忆中的故园。

作为一个有着村落传统的国家，中国乡村承载着中华文明的基因，拥有着非凡的文化和社会价值。党的十九大报告中强调要实施"乡村振兴战略"，将美丽乡村建设推进一个新的阶段，这成为社会主义新农村建设之后又一个解决"三农"问题的重大战略。

1992年9月26日，上海县与原闵行区合并，成立新的闵行区，从田野阡陌乡村相连逐渐发展成品质卓越生态宜居的新兴都市。在这飞速发展的过程中，我们从未忘本。自2016年起，闵行区以美丽乡村建设为关键抓手，推进乡村振兴战略落地。截至2019年2月，已有55个村完成美丽乡村建设，与此同时，闵行还保留了6个保留村和3个保护村，为这片土地留住了乡村风情，留住了乡愁。

一个个乡村正在苏醒，一批批乡亲正在回归，一片片乡景正在蝶变，一处处乡风正在改善。

在闵行，乡村正兴！

革新村：水墨醉染小乡村

"十里晓烟波，数声召稼钟"。革新村名气不大，但革新村里有个名气不小的旅游景点——召稼楼古镇。记者近日从浦江镇政府获悉，革新村将被打造成闵行区首个乡村振兴示范村。

村宅归并江南风貌

革新村具有典型的江南水乡风貌。这里河网密布，绿野环绕。浦江镇党委副书记马伟琴介绍，"元末明初，就有人在此地农耕垦荒，'召稼'就是敲钟召唤散居在附近的农民出工、收工的意思。渐渐地，召稼楼成了地名。历经明、清、民国时代的发展衍变，逐渐形成江南水乡集镇，召稼楼古镇里至今保存着大量明清时期古建筑。"

干净整洁的乡间小道，错落有致的农宅院落，质朴淳厚的本地农民，这是走进革新村的第一印象。马伟琴说，革新村的乡村振兴示范村创建

浦江镇革新村（资料图片）

工作正在进行之中。村宅归并，房屋统一，观光带即将上线。这样做的目的，一方面将零散的土地资源集中整合，提高利用率；另一方面，今后市区来的朋友到了这里，不仅可以逛逛召稼楼古镇，还能到革新村品美食、赏农田、闻稻香，甚至住进农家，享受乡村慢生活。

目前，革新村共有225户，分散在17个自然农居点。平均每个农居点13户，仅两组村民人数超过30户。根据村宅归并的方案，200多户人家将归并到两个居民点。居民点里，按照"留、改、拆"的规划要求，改建部分必须保持与村落传统风格协调。马伟琴说，保留下来的原村宅和设计风格不同的地方，需要改造。新建的住宅，则按照规划的样式建造。

村居保留传统元素

江南水乡的乡村建筑有着秀而雅的传统，革新村归并后的村居将突出江南水乡民居的传统建筑元素。方案设计提出四个统一标准：统一高度、统一色调、统一元素、统一样式。所有建筑物总高度不突破10米。在色调上，外立面采用传统江南水乡色调，以水墨色系为主，不建议使用三个以上颜色。建议使用灰色系、白色系、木色系。在建筑元素上，上海传统民居元素将被大量采用，比如屋顶会采用硬山顶、歇山顶，屋脊会采用纹头脊、雌毛脊、甘蔗脊，窗棂样式会采用井字样式、回纹样式，地面铺装会采用青砖铺地、料石铺地等等。同时提倡绿色低碳，循环利用各种老旧材料，倡导乡村"资源再利用"，将循环利用的老建筑、老构筑物及构件的材料，比如，铺地、院墙、砖、瓦、石、木头、树桩、树根等生态材料纳入房屋建设中。整个村落的风格，可以用"曲、秀、巧、朴"

概括。

在村各个组团和巷弄交汇处等公共空间,将建设村民广场或集中的交流区。河边和组团边缘也将建设集中景观广场或绿地,提升村落环境品质,供村民驻足小憩。

在交通方面,按照规划,将优化与沈杜公路的交通衔接,结合现状进行道路体系的完善,打通内部道路,串联各个功能节点,形成具有层次的交通体系,结合组团中心及景点,设置停车场、观景台、休憩驿站等设施。

文创融入水乡生活

除了青砖黛瓦的村宅,在现代人心中的理想江南村落,还需要田园、流水、古迹。在此次乡村振兴示范村的设计中,还专门设计了融入文化与创意的观光带。农耕文化展示馆和文化客堂间是其中核心项目。农耕文化展示馆设计成上海传统的绞圈房子样式,上下两层。革新地区是上海最早垦荒种地的地区,是上海农耕文化的发源地,展示馆主要收集、存留、研究和展示上海在农业文明的记忆中那些生产、生活器物。

文化客堂间由革新村的老仓库改造而成,开设影音视听室、农家书屋、文化工作室、便民志愿服务室等,是村民们文化娱乐、文明修身的精神客堂。

在两大居民点附近,还设计有爬藤菜园、乡村公园和向日葵菜园。不远处还有生态大棚、生态农庄。马伟琴说,改造将于2019年6月初见成效,欢迎市区来的朋友到革新村体验乡村旅游,了解农耕文化。(鲁哲)

丰收村：田头美"锦"在眼前

"榆柳荫后檐，桃李罗堂前"，陶渊明在《归园田居》中，形象的描述唤醒了人们远离喧嚣、"复得返自然"的美好心愿。或源于此诗的灵感，一个名叫"归园居"的"美丽田园"项目，在浦锦街道的丰收村，悄然生根发芽了。

"田园文旅综合体"，丰收在望

"田园文旅综合体"以丰收村作为项目起点，两大卖点无与伦比：黄浦江+郊野公园。该村位于黄浦江畔、浦江郊野公园的西北角，距人民广场约20公里，轨道交通8号线紧邻其东，规划中的BRT将穿行而过，正

黄浦江畔，田头美"锦"含苞欲放

可谓"离自然很近、距都市不远"。

丰收村的乡村风貌依然保留了浓郁的原野气息，作为项目的第一期文化宿集试点和文旅产业核心载体，总体改造依托现有农民宅基地为主体，配以相应的公共区域，今后这里将拥有主题度假酒店、文化禅院、顶级民宿、文创书店、田园餐厅、艺术展览等各类形态的商业体，将打造成宜居、宜乐、宜游的"新型乡村复合功能型田园综合体"。

目前，已经签约进驻"归园居"一期"浦江宿集"文创民宿板块的，有不少业内知名品牌企业，如理想国、飞莺集、山舍、朴宿、西坡、UTT、幸福里、万街、大乐之野等，均为全国民宿TOP50品牌。

一期的改造和建设正如火如荼，预计第一批文创改造业态于2018年8月份开放，成为上海市民周末出行的好去处。

归园居项目的负责人王剑利说："在项目的规划定位工作中，我们既邀请同济大学、华师大等一流的现代农业规划设计专家，又广泛听取了本土农业以及历史文化专家的意见，形成了初步的概念性规划，希望项目建成后能为全社会提供美丽田园品质生活。"

"乡村振兴"的大战略，沿江8平方公里精彩不断

包括丰收村在内，闵行区浦锦街道沿黄浦江畔有10个行政村落，里面现存不少空闲的农房和宅基地，因年代久远、颇为破旧。如何唤醒农村沉睡的土地与宅基地资源，努力使农村更美、农民增收、产业兴旺？在别人眼中这或许是一个老大难的问题，但浦锦街道却看到了"乡村振兴"新希望。

浦锦街道逐步将这些房屋租赁统一收储，然后通过"三权分立"（即

产权、使用权、经营权）的形式进行再造，产权仍然在村民的名下，由"归园居"进行统一产业植入与功能转化，在尊重原有的建筑布局的基础上，加入本地文化元素与材料对现有房屋改造修缮，同时以木与竹元素进行里面装饰，并根据入驻商户的需求加以设计，由筑巢引"凤"转变成为"凤"筑巢。

农村，不能成为荒芜、留守的农村，也不能仅仅是记忆中的故园。正是这种城市和农村紧密贴合、相辅相成的自然因素，让浦锦决心走出一条具有上海特色的乡村振兴之路，在黄浦江畔描绘一张一、二、三"产"融合；生产、生活、生态、生意四"生"契合的新蓝图。

对浦锦来说，丰收村的乡村振兴试点只是"小目标"，从整体规划看，未来"星星之火"将呈"燎原之势"：丰收村以"文创＋宿集"为主，勤俭村或将以"乡创＋农创"融合为主，塘口、丁连、近浦、芦胜四村或将以"科创"为核心……

丰收村道路建设

全领域、全系统的振兴，这样的美值得你为TA停留

在"归园居"的项目部服务中心，记者看到一本本的收储档案，这些档案详细记载着农户的家庭情况、房屋面积、所处区域以及周边环境。一份份协议，是农民长效增收的保障，虽然项目才刚实质性起步，但签约的村民们已有满满"获得感"———一部分居民已经取得第一年的房屋租赁款，总计近400万元。

浦锦街道党工委、办事处算过一笔账，村民把破旧、空闲的房屋租赁给专业团队，可实现"不动迁也能改善生活"的"丰收梦"：

第一步，签订房屋收储协议后，村民立刻就有了预支的第一年租金收入（每平方米每天1元底价起租）；

第二步，田园综合体开放后，有机会在村里优先就业，参与其中，实现"产城融合、职住不分离"；

第三步，由运营方投资改造、装修后的房屋，产权归村民不变，15年租赁期满后，村民自主选择收回。

第四步，针对现有户籍登记留守老人按照60、70、80岁，归园居额外进行2000—5000元/年租金以外的补助。

浦锦的乡村振兴探索，并非"单打独斗"，而是"多方合力"。以政府为主导进行基础设施建设，引入社会资本结合本地优势、统一集中连片开发，从浦江区域内的文化历史入手，结合周边区块发展特征形成产业有机融合发展路径，以"文创""农创""乡创""旅创"作为一二三产业融合路径，依托自然优美的乡野风景、舒适怡人的清新气候、环保生态的绿色空间，结合周围的田园景观和民俗文化，结合新出台的《上海城市总体规

划2017—2035年》对于城镇圈促进城乡统筹发展的解读，系统规划集合：乡村文旅项目群、文化体验项目群、生态运动项目群、田园小镇项目群。

不仅要打好"浦江牌"，更是把目光聚焦了黄浦江对岸的两所"双一流"高校——上海交通大学和华东师范大学。浦锦街道要打造的田园综合体，在沿袭传统农耕文化的基础上，更加注重时代的新元素，将文化创意设计融入产业发展布局中，与高校联动，以文创扶持孵化为主要手段，利用农业体验博览为载体，发展乡村文创，实现农业产品、农业文化的文创设计到品牌落地。

乡村振兴不再"头疼医头、脚疼医脚"，而是实现全方位、全领域、全系统的振兴，涉及社会治理、产业发展、文化保护与传承、生态保护、乡村建设、政治建设、组织建设等。只有全面发展，乡村才能变得有活力、有人气。

党的十九大报告为"乡村振兴"擘画了新坐标，将开启"产业兴旺、生态宜居、乡风文明、治理有效、生活富裕"的新华章。

闵行区浦锦街道探索的城乡融合不仅是形态上，更是心灵层面的。通过"归园居"项目的试点，更多的城里人来到乡村，让农村人感受城市文明，让城里人体验农耕文化。在悠然自得的田园生活中，城乡两种文化从冲撞变为相融，浦锦人也能因此拥有灵动、灵气和灵魂。有理由相信田头美"锦"愿景，一定能实现。（茅杰　刘垦博）

同心村：精细化治理新典范

光秃秃的墙面摇晃着刺眼的白炽灯，不锈钢扶手蒙上厚厚尘灰。卫

整治结束后，焕然一新的马桥镇同心村

生间、厨房间均被改造成居住用的房间，灶台被敲掉，床铺就架在抽水马桶上……

　　回忆家中曾经的"脏乱差"，家住闵行区马桥镇同心村的龚阿姨不好意思地笑了笑。为尽可能地将房间租给他人，她搭起隔层，将原有的16间房分成24间，最多时，一套房内有35人同时居住。近日，记者在随同上海市建设交通工作党委、市住房城乡建设管理委一同前往马桥镇"大调研"时，"问"到一条解决农村违规租赁问题的好"计"——精细化治理结合村民自治。

民房租赁乱象难解

　　上海以现代化面貌、发达的二、三产业闻名，但郊区乡村面积同样辽阔，全市每天90%的绿叶菜、70%的鲜奶和20%的水产品、饮用水和市区河道，均来自郊区，城市时时受惠于乡村的滋养。"自然水系、粉墙黛瓦、小桥流水、枕水而居"正是上海乡村的美好图景。

马桥镇属于上海近郊地区，乡村面积约占1/8，共有1546户村民宅基地。相比远郊农村，更接近城区，本地人口大多进城定居，"空心化"严重导致大量外来人口流入。原本按农村户籍人口数量配置的基础设施和公共资源严重超负荷，村宅环境变得脏乱不堪，污水横流、河道黑臭的现象时有发生。马桥镇敏锐地察觉，村里的乱象主要由外来人口过多，管理无法跟上导致。建设"美丽乡村"的关键是人口管理，而人口管理的核心是租赁管理。

"家家户户都将房子隔断出租，最小的房间只有2平方米，租客只能弯腰爬进房间里。"由于马桥镇濒临黄浦江水源地，不允许进行过多工业开发，当地不少农村至今还是纯农地区，居民财产性、经营性收入有限，房租成为创收的重要途径。

在2014年发布的《关于加强本市住宅小区出租房屋综合管理工作的实施意见》中，对群租有明确界定，但仅限中心城区和市郊城镇内的商品住房。农村的宅基地住房大多没有办理过房地产登记，对其合法性很难认定，其住房建设标准与国有土地上的商品住房差异较大，难以区分原始设计中的居住空间，因此不适用于现有群租认定标准。由于缺少相关法律细则，对农村违规租赁的治理迟迟难以推进。

马桥镇打算率先啃下这块"硬骨头"。起初，镇里试图通过"代理经租"来实现租赁管理，但由于利润微薄，居民参与也不积极，试点并未成功推广到全镇。

一纸公约背后

2017年10月，在马桥镇同心村内，家家户户拿起榔头、铲刀等工具，挥向家中隔板——一场轰轰烈烈的改造活动拉开帷幕。

如何从违规租赁乱象难治，变为居民自发整改？同心村村委会墙上贴的一纸"规范民房租赁管理公约"回答了这个问题。公约规定，违规租赁必须由当事人自行整改，逾期不整改或违反本公约者，将不能享受村级集体经济组织福利。

这笔福利经费是当地每个村镇发给居民的村集体资金。每户是否真正落实了公约，主要是由各村的网格巡查员根据各种社会管理类型，对每家每户进行打分，主要分为"扣2分至5分"和"一票否决"四个等级，按违规程度的严重性排序。如被发现有"一票否决"的行为，当年度该户能享受的福利全部取消。

怎样才算"一票否决"？扣分表中列出14项负面清单，凡是符合其中"严禁行为"的任意一项，均被视为"一票否决"。在马桥镇，每个居住房间的室内面积不得小于10平方米，出租的每个居住房间的居住人数不得超过2人，人均居住面积不得低于5平方米。凡是违反这些要求的，都将被认定为违规租赁。除此之外，将卫生间改造为居住房间、利用出租房进行无证经营等行为，也在负面清单之列。

"公约"好不好，最重要的是要看老百姓的满意度。将治理违规租赁与福利挂钩，当地居民同意吗？龚阿姨告诉记者，这份公约是在村民代表大会上经由所有村民表决通过的。在这些村民看来，以前虽然将房屋随意分割增加了房租收入，但是外来人口增多了，对村里原有的环境也造成破坏。村民和租客之间的租赁关系主要凭借口头合约，一旦租客"跑路"，没有任何渠道追回。经过针对违规租赁的整治，如今租客管理更有序，素质也提升了。

令村民们惊喜的是，他们的房租收入不仅没有受到影响，反而提高了。住在41号的村民谭先生介绍，原本家中的6间房被租给9户人家，每间租金约400元/月，由于价格低廉，租客以"来路不明"的居多，房屋周边小广告如牛皮癣般密密麻麻。如今敲除隔断后，谭先生干脆将房间重新粉刷装修，以800元/月的价格出租，吸引了在附近房产中介工作的业务员、在周边产业园区内从事机电维修的蓝领工人等，管理租客再也不像以前那样心烦，每月租金还多了1000余元。

经过整治、焕然一新的河道

精细化管理营造"美丽乡村"

"隔断"打通，村民自治的思想也有了，如何才能使违规租赁不再复发？

通过精细化管理建立后续管理长效机制，是马桥镇给出的答卷。针对农村房屋功能分区不清晰，难以认定居住空间的问题，镇里聘请专业测绘机构，在村子里挨家挨户上门测绘，记录每一套民房的室内分隔情况、出租和自用情况、房间数量、房间面积等信息，对每间符合出租标准的居住房间标注室号，摸清民房分隔和出租情况，录入马桥镇自主建设的民房租赁管理信息系统。

上海已建成初步的城市管理"神经元"系统，在市区内推广运用大数据实现精准治理，而建设"美丽乡村"同样需要智能化助力。在民房租赁管理信息系统首页，记者看到一张徐徐露出的马桥镇地图，放大能看见各区域内密布红色标点，每个标点都代表一套录入系统的民房。

记者点开村民龚阿姨的房屋，只见平铺的房型图下方，房屋共分割为几间，每间房间里住的租客信息均一目了然，包括性别、学历、职业等。系统还能对每个村的整体租赁情况进行统计，每村租客到访事由、民宅租赁合同数量、合同是否到期或即将到期、总房间数、总人口数……信息系统宛如一张数据之网，将镇里的租赁信息一网打尽，实现"互联网＋租赁管理"。

如今村民家里有房出租，不能仅有"口头契约"，而是必须带上租客的身份证、照片、务工证明等材料，到附近的村网格化管理工作站登记备案，按预告申请、现场核实、核验材料、信息录入等规定流程操作后，明确租赁用途、期限、双方义务等事项后才能出租,通过网格化治理实现租赁合同管理精细化。

除此之外,镇里还通过常态化的网格监督员巡逻牢牢掌握人口动态变化,一旦发现村民随意更换租客、租赁合同过期不登记等违规行为,会自动上传至信息系统,结合公约中的扣分表自动打分,扣除相应的福利经费。

政府搭建信息平台,村民从中受益——精细化治理实现"一举两得"。通过网格监督员的深入巡查,基层呼声也得以传递。现在的马桥镇,河道整治、雨污分流也在不断推进,四月的油菜花漫天盛开,来这里观光的游客也越来越多。解决了违规租赁这一顽疾,未来精细化治理将用于建立更有效的村民自治机制,发动村民力量,联合政府管理,共同建设"美丽乡村"。(范佳来)

赵家村:"下只角"蝶变重生

赵家村,这个位于闵行华漕镇,又与青浦、嘉定相接的村庄,因地理位置偏僻、经济薄弱,数十年来被当地老百姓看作荒凉的"下只角"。可如今再看,赵家村里似乎变了模样,还常常人声鼎沸:有舍近求远来散步的周边村民,有特地搬回来居住的年轻人,有专程来写生、采风的艺术家,还有不少赶来参观郊游的都市人。赵家村究竟经历了什么?

彻底改造,补上生态欠账

时间回溯到20世纪90年代初,因高速公路修建,赵家村南北13个村民小组被拦腰斩断,只留下三处高度3米左右的下穿立交桥供老百姓穿

如今的赵家村一片田园风光，美不胜收

行。交通不便制约了赵家村的经济发展，到2000年前后，赵家村年均可支配收入只有不到50万元。

2008年后，村委会积极争取的下穿立交挑高工程让大型车辆得以通行，渐渐开始吸引一批产业较低端的乡镇企业入驻。企业的到来尽管带来短期收益，到2015年，村年均可支配收入已达到1200万元，但生态环境的不断恶化却让老百姓受了苦，不少年轻人纷纷搬离农村，一场彻头彻尾的改造迫在眉睫。

2016年，华漕镇以生态环境为引领，将赵家村严家湾、北港二个村民小组作为闵行区第一批"美丽乡村"示范村，进行景观提升、功能完善、民宅修复。为了腾出改造空间，短短半年时间，赵家村完成了全域

90%违法点位的拆除，总计拆违面积将近20万平方米。原本村里违法搭建的民房、工厂泛滥成灾，在这一次"硬仗"中也解决掉了。更令人欣喜的是，村级可支配收入非但没有受到减量化和拆违的影响，反而因为走上一条可持续的生态发展之路，呈现欣欣向荣的局面。

后续的"美丽乡村"建设中，为了使村庄实现合理规划，华漕镇专门邀请华东设计院专业规划团队入驻，将涉及改造的村组按照田园生活的核心区域、生态的拓展区域、古典园林区域和现代农业区域几个不同的区域空间打造成田园综合体，还将农业、农村生活、农村旅游等相关的功能、业态都整合进去。原则是既要适合老百姓居住，也要适合将来的村庄发展。

经过规划设计，每一户人家都或多或少点缀了水乡元素

水乡元素点缀，处处是景

记者日前来到赵家村，只见经过改造的农民房数量虽不算多，严家湾、北港两个组加起来有62户，但每一户都或多或少点缀了水乡元素。其中，凡是2016年后翻建的宅基，统一设计成了二至三层的江南民居院落。粉墙黛瓦、朱红色窗格，加上赭色的高大木门、做旧的兽面门环，让人不由得期待，门里会走出一个身着旗袍、清新可人的小家碧玉。还有一部分早先建成的农民房，虽各有各的式样，但屋外的院墙和大门，也统一做了江南风格的修复和翻新。两侧花田用精心编制的竹篱笆围绕，楼与楼的间隙用木板地面和木栅栏装点成天井，家家户户的墙上挂着实木做的报箱，哪怕是马路牙子，也是用天然的石块拼砌而成。

由专业公司规划设计的赵家村"美丽乡村"改造项目确实有明显的"设计"痕迹，尤其体现在科学而又人性化的旅游线路上。从严家湾的主路走至河边，人们可以重点欣赏特色民居建筑。穿过弯弯曲曲的小巷，一大片荷塘会闯入眼帘。沿着荷塘上行，马鞭草花海幻化成紫色的海洋，把对面北港的一长排江南民房衬得甚是好看……

规划先行，不失乡土情怀

规划过的乡村，会不会少了些乡土情怀？记者发现，整个赵家村里，"野趣"是无处不在的。村庄内的景观雕塑，大多为栩栩如生的小猪、公鸡、牛羊；路旁点缀的绿植被打造成高低错落的花圃，乍一看还以为是生机勃勃的野花；河道旁的驳岸铺着草皮，与河面上的水生植物连成一片；就连那些常常会略显呆板的标语牌、宣传栏，也都是原木质的、田园风的设计，令人忍不住多看一眼。

当前，上海在统筹推进乡村振兴的进程中把规划作为"纲"，要求乡村不断提炼上海乡村文化特色的符号和元素，形成村庄规划和农房设计的管控导则，让农村有风貌有韵味，有入眼的景观，也有走心的文化。从赵家村的实践来看，这样规划先行的设计无疑是农村换新颜的探路之举。

(杜晨薇)

和平村：留住本土文化根脉

在城镇化进程飞快的闵行，不仅有高楼大厦、车水马龙，也有水乡江南、清丽婉约的一面。在美丽乡村建设中，闵行的一个个村庄改头换面，如明珠般焕发熠熠光彩。吴泾镇和平村，就是其中一个。

走进和平村，绿草如茵、鸟语花香，鱼虾在河里嬉戏。这里自然条件优秀，具有典型的江南水乡风貌；村内河网密布，河流蜿蜒，村民临河而居，是闵行区一道靓丽的乡村风景线。

继浦江镇新风村、马桥镇民主村之后，和平村成为闵行区第三个入选市级美丽乡村示范村的村庄。

何以换新颜

在几年前，和平村完全是另一副模样。村里的老百姓说，"没有改造的时候，这里都是违章建筑，河水一片黑臭，下雨天走在乡间小路，两脚都是烂泥巴。"

2017年起，和平村启动美丽乡村建设，围绕建设"美丽闵行、生态闵行"的总体工作要求，按照《上海市美丽乡村建设导则（试行）》，实行"一村一建设"的方案，着力打造具有本村特色的"生态宜居"示范村。从此便发生了翻天覆地的变化。

在两年多的环境综合整治攻坚战里，和平村采用连片治理的办法，将放鹤路208亩地块的"五违"整治，作为重点整治地块，坚持一拆到底、高效整治、快速复耕。到目前为止，和平村累计拆除违法建筑约20万平方米，清退各类企业和拆除村民违法建筑约370余户。不仅拆掉了一批隐患，而且腾出了新的发展空间，守住了人口、土地、环境、安全四条底线。

和平村已然旧貌换新颜

由于村内河网密布，河道水质也影响着村域环境面貌。和平村加强河道两岸生态建设，对荷花浜、白洋滩、南潮江、秋家河、万家河等7条段河道进行综合整治。打造与河道相映成趣的河岸景观小品，实现河道"水清、岸绿、河畅、景美、生态"目标，重现水清岸绿、鱼虾穿梭的景象。同时落实河长制，建立一支河道长效管理队伍，聘请专业人员对河道进行综合测评，落实信息报送制度。

村民的居住环境也得到了极大改善。户户通水泥路，彻底改变了以往"晴天一脚土，雨天一脚泥"的局面，方便村民的出行；太阳能路灯，照亮每一天回家的路；民宅外墙粉刷5万多平方米，建成文化墙300余平方米；对村民宅旁、庭院进行规划修整，安装绿化围栏，种植花草树木，形成花园式庭院；设置公益性停车场7处，新建健身场所、老年活动室，并修建了一处村民休闲的小公园；增设技防设施，加装限高装置，设立门岗安保；在每户屋旁摆放垃圾箱，成立保洁队伍进行垃圾搬运和处理，设置标准化垃圾箱房1处和新建标准化公厕8所。

如今，违章拆了，河道清了，村庄美了，老百姓心里也乐了。

让村民参与到建设中来

和平村的变化，也离不开村民们的支持和参与。在美丽乡村建设过程中，和平村走出了一条"党建引领、党员带头、群众参与"的特色道路。

针对美丽乡村建设，和平村对全体村民进行教育培训50余场次，引导和带动群众积极参与建设。将村级活动场所规范化纳入美丽乡村同步建设，规范建设党群服务中心、活动室、建设文化广场、党务公开栏等公共设施，做到"党组织引领有阵地"。河道治理期间，党员干部带领着村里149名党员志愿者，积极配合水务站工作，负责河道垃圾清理、道旁植绿、铲除黑色广告、拾捡白色垃圾等。这些看似平凡琐碎的工作，却为河道整治贡献了巨大力量。

在整治之初，不少村民对大面积整治有些不理解。和平村党小组长、志愿团团长李仁权带领志愿者积极协助发放河道整治告知书，正面引导，做通思想工作，积极宣传村庄改造的重大意义，动员村民群众参与综合整治。如今，和平村河道治理设立了民间河长，每条河道由党小组长、村干部、群众骨干认领"河长"，党员带头发动周边群众参与，清理河道坡岸，清除河面垃圾，打捞绿萍等水生植物，并对有侵占河道、违章搭建的村民进行面对面的引导宣传。

与此同时，和平村成立村务监督委员会，把知情权交给村民，决策权还给村民，监督权赋予村民。通过"一事一议"制度，促进农村公益事业的发展，加快村民自治发展的脚步。制定和平村村规民约，建立了村民自我管理、自我教育的长效机制。

保护与发展、传承与融合

和平村因地制宜综合考量，形成集休闲农业、农家乐、森林人家、水乡渔村、特色旅游景观等多种类型产品的多元发展格局，既保护了生态环境，又能促进村民增收。

积极打造的庄园式农业，集观光、休闲、娱乐、创意等相关功能为一体，让农业由单一的原料供给功能延伸到就业增收、生态保护、观光休闲、文化传播等多个方面。充分利用了和平村独特的田园景观、自然生态及环境资源，将生态农业与旅游进行巧妙组合。同时，村集体积极引导村民参与庄园农业的建设和经营，让村民在庄园内自由种植农业品种，形成"一家一品"的种植景观，营造具有和平村特色的农村家园，体验乡村原味感，得到了广大村民的拥护和响应。村民在进行农业生产以及产业经营的同时，还能展现农业文化和农村生活，让村民和庄园和谐共生、共同发展。

本着"留住城市文化根脉"的原则，和平村着力发掘本地文化特色和符号，留住历史记忆，在发展的过程中注重保护与传承本地优秀文化，形成传统文化与现代元素融合的局面，满足人民群众的文化需求。村里的和平大院展示接地气、承传统、与时俱进、力求创新的吴泾精神与和平精神；和平铭墙上有体现吴泾淳朴勤劳的特产——芦纹布；在布局中将尚义桥与中心广场景观进行完美的结合，让群众感受尚义桥背后的故事；在建筑和装饰风格上融入江南民居白墙黑瓦元素，形成朴素、淡雅的风格。

为真正把和平村打造成环境更为优美、配套更加齐全、人文更加彰显、生态更加宜居的美丽乡村，和平村将继续打造"美丽乡村"升级版。未来，这里将成为天更蓝、水更清、树更绿、花更香、景更美的生态宜居的幸福乐园。（曹佳慧）

许泾村：小桥流水新家

"最近，一直住在镇上的宋金书，准备搬回村里来住了。现在的许泾村，再也没有村民'逃离'了，反而吸引了不少人回搬，大家也不再心心念念盼着动迁了。"日前，记者来到闵行区梅陇镇许泾村，村委会主任赵

许泾村在此美丽蝶变

方欣喜相告。

地处梅陇镇最南端,许泾村曾是全镇"最穷、最乱"的一个村。但现在,曾经拥堵泥泞的"羊肠小路"变成了整洁宽敞的水泥路面,黑臭的"沟渠"变成了清澈秀美的河道,低矮破漏的村宅变成了白墙黑瓦的小楼,拆违空地变成了村里的新地标"文化客堂间"……而这全方位的变化,源自闵行区2016年开始的"美丽乡村"建设。

短短数月的"嬗变"

2017年初,记者初次来到许泾村。

刚到村口,我们就"惊"住了。天下着蒙蒙细雨,狭窄的小路满是泥泞，路两边挤满了小摊贩、垃圾站和低端企业，不少大型货车正进进出出，有的甚至直接"任性"地停在路边，将本就不宽的路面占去了一半……

从村口到村委会，短短两三公里的路程，记者一行花了近20分钟才走完。一位村民告诉记者，"别看这条小路破破烂烂的，便以为没什么车辆进过，其实，我们村里经常堵车"。据了解，作为村宅路口要道，每到早晚高峰，就有小摊贩在这条路的两旁一字排开，售卖蔬果、日用品等。而且，村里小物流企业多，每天都有大卡车进进出出，村民出行十分不便，苦不堪言。

许泾村党总支书记张金高告诉记者，2016年12月，许泾村"美丽乡村"项目正式启动，通过"绿、路、水、电、房"等全方位改造和建设，使整个村子的面貌一天一个样，朝着"生态、宜居"的方向一点一滴蜕变。

几个月后，记者再访许泾村，刚到村口就看到了崭新的水泥路，路上整洁宽敞，只有骑着自行车的行人，路边还增加了一个警亭。张金高说，现在，不光是从村宅通到虹梅南路和梅莲路的两条干道被整修一新，就连通到每家每户的"毛细血管"也都铺上了水泥路，乐得来村里送快递的小哥连说，"这下快递能送得快些了"。

步入村里，映入眼帘的，是一条条弯曲秀美的河道，一棵棵郁郁葱葱的树木，一座座青瓦白墙的水乡村宅，以及一排排种了草莓、西瓜的大棚，让人仿佛走进了美丽画卷。与几个月前破乱不堪的场景相比，整个村子已经完全变了。

张金高说，现在的许泾村，不但硬件设施跟得上，"软件"也不差。

之前拆违"拆"出来的空地上，已经出现了一座刚建成的"文化客堂间"，村民每天可来喝茶、聊天、打牌、听故事、看节目，成了大家茶余饭后休闲的好去处。

家门口的黑臭河道消失了

"村里环境好了，河道变化最大，水质明显变清澈了。"村民宋友余告诉记者，过去村里几条河道都是黑臭的，现在不仅没有异味了，河水看起来也干净多了。

据张金高介绍，许泾村共有宋家浜、青浜、后浜3条河道，全长2公里左右，因为周围居住人口密度大，违建密集，低端企业多，多年来工业废水、生活污水、生活垃圾直接排入河道内，造成河道淤浅、黑臭严重。有村民称，有时候，还没走到河边，离老远就能闻到臭味。

记者年初到许泾村时，所见确实如村民所言，河坡堆积着乱扔的生活垃圾，河水干枯了的地方已露出黑臭的淤泥，臭味令人作呕。但如今，原本黑臭的沟渠被拓宽了，变成了碧绿清澈的江南式"小桥流水"，河边家家户户都有清水平台伸向河边，当初图上的美景变成了现实。

镇水务站河道科科长宋晓亮告诉记者，治理前的宋家浜、青浜、后浜，真的可以称得上是沟渠，最窄的地方只有3米左右，现在整个河道已经拓宽到了10—15米宽。他介绍说，在这次黑臭河道治理中，首要任务就是将水系全部贯通，目前这项工作已全部完成。工程完成后，不仅宋家浜、青浜、后浜这三条河道的内部支流全部贯通，还将与塘春泾、丰盛河连成一片。而许泾村的污水纳管工作，也将与水系贯通同步完成，从根源上清除"黑臭"。

河道给居民感受的变化最大，水质明显变清澈了

"我们把环境搞好了，老百姓得实惠了，自然就想保持下去。"梅陇镇镇长陈浩告诉记者，为了对整治后的河道进行长效管理，自己担任了河道的一级河长，村主任是河道的二级河长，同时村民们也积极参与到平时的巡河、管理中来。

摘"贫困帽"建美丽乡村

据陈浩介绍，梅陇镇南北纵深长，且发展差距大，北部有南方商务区等"高大上"地块，而南部地块发展相对滞后，而许泾村就位于梅陇镇西南端，是梅陇镇唯一保有农田的村。先期启动改造的两个小组共有135户村民，因位置相对偏僻，租金便宜，这里聚集了大量低端产业，违法建筑密集，外来人口达14000多人，是本地居民的好几倍，整治难度很大。

"正因为许泾村经济基础薄弱，村宅环境差，所以我们才选择许泾村，从最难的地方入手，高标准建设美丽乡村。"陈浩告诉记者，美丽乡村建好后需要长效管理，必须将老百姓的积极性调动起来，所以梅陇镇一方面引导制定村规民约、评价考核奖惩机制，一方面发挥党建引领的作用，依靠村民组长、党员骨干的力量带动群众，参与新农村的日常治理。

借助"五违四必"整治和"美丽乡村"建设的东风，许泾村完成了"美丽变身"。但如何抓住机遇，既让村宅美，还让村民富？这是镇里和村里一直在思考的问题。

"从2015年拆违启动以来，我们复耕了将近300亩土地，因为有市、区两级的补贴，我们打造出了一片设施农田。你看，大棚里的瓜已经快熟了，之前的草莓园也吸引了很多人来采摘。接下来，村里准备用850亩地打造西瓜园、草莓园等，350亩做绿化廊道，做强做大休闲农业板块。"指着大棚里的西瓜，张金高告诉记者。

据透露，因目前许泾村的村宅整洁大方，专业化的房屋租赁管理公司也被吸引了过来，他们将对村民的闲置房屋进行整体装修，实行市场化租赁。如此，村民既省了心，还得到了实惠。（李成东　黄勇娣）

永联村："城中村"变身"生态园"

闵行区梅陇镇藏着一个"世外桃源"。这里风景优美，水清岸洁，道路平旷，屋舍俨然，在周边工作的不少白领午休时都愿意去走走。谁都没想到曾经的"灯下黑"，违建的重灾区如今成了生态公园。生态园就在梅陇镇永联村，占地约为60亩的园子里绿树成荫，花草相映，亭台林立，曲径通幽，健身器材等一应俱全，是居民们平常休闲娱乐的去处。

过去，永联村民居与厂房混杂交错，"外来人口多""违法建筑多""公共基础设施少"，安全隐患问题和公共治安问题突出。不仅"群租"屡禁不止，还存在严重的违法搭建现象。加之公共基础设施不完善，未实施污水纳管，所以居民直接将污水排放至村宅自然河道内，导致河道严重黑臭。

美丽乡村建设启动后，永联村在悄悄地改变。总面积约为16.2万平方米的违法建筑被拆除，新增的公共空地建起了10处停车场和公共晾衣架，解决了居民"停车难"的问题，也规范了"乱晾晒"行为。快速处置工作小组成立后，对村内的5条河道进行了整治，将雨污水分流纳管，对绿化重新进行合理布局，完善公共基础设施，创建"河长制"，还清澈

美丽乡村建设让违章建筑群变身为了永联村村民的"后花园"

河水于居民。再对村民房屋进行回租，统一装修，并由村委会进行统一出租，逐步实现房屋租赁规范化管理，瓦解群租现象，有效消除了安全隐患。

趁着改造的契机，永联村还开启了新的管理模式——村内主要出入口配备自动门禁系统，门卫室保安24小时值班；实现路灯、高清监控设施全覆盖，配备由专人负责的标准化大屏幕监控室；配备小型消防车，并为每家每户配置两个小型灭火器；采购"扫地车"，提高清洁人员打扫公共卫生的效率；设置老年活动室、便民超市、便民菜场、洗衣店、理发店等便民商店，让居民足不出村就可以享受到各种便民服务；成立吴家巷（物业）综合管理办公室，下设由居民们组成的保洁组、治安组、违建组等工作小组，积极引导居民参与自治。在梅陇镇政府相关职能部门和永联村的共同努力下，原先"脏、乱、差"的"城中村"完美蝶变"生态园"。（张庆龄）

美丽乡村的"面子"和"里子"

张建松

"正月田家贺岁朝,东邻西舍尽欢招。旧来灯市今能否,相约杯盘乐一宵。"2019年春节前夕,在闵行区吴泾镇和平村的和平大院里,品读这首清道光年间的本地民谣《田家月令》,感触良深。

从繁忙的工作中抽身,来到和平大院,是参加闵行区市民修身体验活动。传统江南水乡建筑风格与现代灰色格调相融合的和平大院,宽敞而别致。假山修竹、石径亭桥,错落有致,置身其间,令人顿感身心放松、心情愉悦。

很难想象,这座总建筑面积3000平方米的大院,曾经是机器轰鸣的厂房。如今,在美丽乡村建设中,已华丽转身为邻里中心,为周边百姓提供便民服务、医疗卫生、法律咨询、亲子教育、老人关爱、学习交流、文化娱乐、文化展示、休闲锻炼等各项服务。

对美好生活的向往,是人们自古以来的共同追求。在建设美丽乡村中,和平村坚持"留住城市文化根脉",着力发掘本地文化特色和符号,留住历史的记忆。和平大院铭墙上展示的,除了本地民谣《田家月令》,还有吴泾特产的芦纹布。

美丽乡村建设,不仅需要"面子"——看得见的生态环境改善,更需要"里子"——可持续发展的经济支撑。在这方面,和平村的放鹤谷也令人眼前一亮。拆除原先的违章建筑,清理掉产能落后的企业,放鹤谷腾出了166.16亩土地，退企还耕，建成了一个集家庭园艺、农业高科技和休闲观光于一体的"上海国际家庭园艺生产展示基地"，每年将为村集体带来40多万元的土地收入。

乡村振兴是一项涉及社会治理、产业发展、文化保护与传承、生态保护、乡村建设、政治建设、组织建设等方面系统工程，只有全面发展，乡村才能变得有活力、有人气。走进闵行区浦锦街道的丰收村，仿佛就看到了这项系统工程的一个样板。

作为上海拥有农村区域最大的一个街道，浦锦街道沿着黄浦江畔，共有10个行政村、近7000亩基本农田。其中，丰收村是一个全部位于郊野公园里的村庄。结合闵行区郊野公园建设，如何唤醒农村沉睡的土地与宅基地资源，使农村更美、农民增收、产业兴旺？浦锦街道正在探索一条具有上海特色的乡村振兴之路。

浦锦街道将村民们破旧、空闲的农房租赁下来，统一收储，通过"三权分立"（即产权、使用权、经营权）的形式进行再造。产权仍然在村民的名下，由专业团队"归园居"，进行统一产业植入，在尊重原有的建筑布局基础上，或对现有房屋改造修缮，或根据入驻商户的需求加以设计，从而将农宅进行功能转化。

由"筑巢引凤"转变为"引凤筑巢"，丰收村盘活了空闲的农房和宅基地。不仅农民每年都能增加一笔不菲的租金收入、有机会在村里优先就业，租赁期满后还可自主选择收回房屋；村里通过统一的产业植入，也可导入城里人，搞活经济，增加人气。

我们参观丰收村的时候，一片沿河的土地上，正在进行着民宿群的建设。图书馆、酒吧、咖啡吧等现代城市的生活业态，今后也会随之植入到村里。带领我们参观的村民小杜说:"我从小在丰收村长大,做梦也没有想到村里有这么大翻天覆地的变化,再也不想去城里打工了,许多城里人都非常羡慕我们呢!"

说句心里话,我也很羡慕小杜,羡慕丰收村的村民们每天都生活在公园里。不过,好在郊野公园离我家也并不远,开车不到40分钟,周末和节假日都可以常来。

当前,闵行区正在从城乡接合部在向现代化主城区迈进。通过参加市民修身体验活动,我深刻体会到,闵行区的现代化主城区建设是城乡一体化协同发展。美丽的城郊农村,是闵行区进一步发展的潜力所在,也是闵行区创建自身发展特色的风水宝地。

链 接

美丽乡村绿色地图

1. 浦江镇革新村

地址:沈杜公路1589号

革新村位于浦江镇最东首,与浦东新区交界,是上海市5个"中国传统村落"之一,村域面积2.29平方公里,总人口3800余人。革新村历来重视生态环境建设,曾先后荣获"全国生态文化村""中国历史文化名村""上海市我最喜爱的乡村"等称号。

2. 浦锦街道丰收村

地址:丰收路

华漕镇
新虹街道
虹桥镇
七宝镇
古美路街道
莘庄镇
梅陇镇
浦锦街道
颛桥镇
莘庄工业区
吴泾镇
浦江镇
马桥镇
江川路街道
N
S
W
E
1
2
3
4
5
6
7

丰收村位于浦锦街道西南部，属于郊野公园的西扩区范围。2016年以来，通过五违整治、河道整治、美丽乡村建设，如今的丰收村充满了浓郁的原野气息，漫步河道边，宽阔的沿河廊道边配着古朴的木质栅栏，规整的村屋、古韵的文化客堂间、别致的街心花园，村道小径环境清幽、绿树环绕，一眼望去，心旷神怡。

3. 吴泾镇和平村

地址：莲花南路3718号

和平村位于吴泾镇核心区域，附近高校、科技企业聚集。近年来，和平村以"创全""五违四必"环境整治为契机，立足生态宜居，坚持高起点规划、高标准推进，以休闲、观光、度假、体验、时尚、娱乐等功能创新，着力建设和平村美丽乡村，打造上海市美丽乡村建设样板间。致力于建设和平村美丽乡村升级版，将"红色庭院、放鹤农谷、和平大院、生态河道、乡愁农田、休闲空间、樱桃公园、科研基地、企业园区"9大门类捏合为特色美丽乡村综合体，在基础设施、资源整合、长效管理上发力深耕，打造和平村新地标，不断增强群众的获得感和幸福感。

4. 梅陇镇许泾村

地址：莲花南路梅莲路以东

许泾村位于梅陇镇西南部。2016年12月，许泾村启动了美丽乡村建设工作，拆除违法建筑、整治河道、翻新村民活动室等。6个月的华丽蜕变，河流潺潺，鸟语鸣鸣；整洁的道路、整齐的房屋、古风古韵的文化客堂间；幽静的街心花园……漫步在许泾村一、二组村宅内，呼吸着散发花草树木清香的空气，令人心情愉悦。

5. 马桥镇同心村

地址：汇江路195号

同心村位于马桥镇西南部，东至管家河，与吴会村接壤，南临江川西路彭渡村，西南紧邻民主村和女儿泾河与松江区为邻，北连闵行铁路货运站，在水资源和基本农田两个基本保护区范围内。全村区域面积1.82平方公里，下辖8个村民小组。结合拆违后环境整治，同心村美丽乡村建设在2017年全面启动。通过污水纳管、河道整治、道路修建、绿化种植、墙面涂刷、公共服务等项目，村容村貌和周边环境得到了根本性改变。

6. 华漕镇赵家村

地址：华漕镇赵家村严家湾、北港

赵家村，地处闵行区华漕镇纪王地区，西接青浦，北邻嘉定，为三区交界地域，因村民中以赵姓者居多而得名。2016年，借助全市"五违四必"综合整治，华漕镇党委、政府着眼于拆后的环境修复与家园重建，以赵家村严家湾、北港为示范点，启动了美丽乡村建设计划，让家乡越变越美丽，村民越来越幸福。

7. 梅陇镇永联村

地址：龙吴路和虹梅南路之间

永联村位于闵行区梅陇镇的东部，东北与徐汇区相邻，南是曹行村，西是五一村。永联村地处于龙吴路和虹梅南路之间，银都路贯穿其中，全村面积2889.21亩。两年来，永联村结合"美丽乡村"建设，在南片重点区域非居腾出的空地上，在老百姓家门口建起了一座休闲花园，让原先的"城中村"完成了完美蝶变。

图书在版编目(CIP)数据

寻乡记/闵行区政协学习和文史委员会编；吴玉林主编. — 上海：上海书店出版社，2019.12
（"发现闵行之美"闵行区政协文史丛书）
ISBN 978-7-5458-1849-9

Ⅰ.①寻… Ⅱ.①闵… ②吴… Ⅲ.①城市化-城市史-闵行区 Ⅳ.①F299.275.13

中国版本图书馆CIP数据核字（2019）第256108号

特约编辑	樊惠安　姚　尧
丛书策划	闵行区政协学习和文史委员会　明镜文化
责任编辑	张冬煜
封面设计	汪　昊

寻乡记

"发现闵行之美"闵行区政协文史丛书·故土之韵辑

吴玉林 主编

出　版	上海书店出版社
	（200001　上海福建中路193号）
发　行	上海人民出版社发行中心
印　刷	上海丽佳制版印刷有限公司
开　本	710×1000　1/16
印　张	19
版　次	2019年12月第1版
印　次	2019年12月第1次印刷

ISBN 978–7–5458–1849–9/F.50

定　价　68.00元